George Maschalani

Westernreiten
Step by Step

Danksagung

Meiner Frau Julia Kaiser besten Dank
für die unermüdliche Mithilfe
bei der Entstehung dieses Buches.

EDITIONpferd

Westernreiten
Step by Step

Basistraining für Einsteiger, Umsteiger und deren Reitlehrer

FNverlag
der Deutschen
Reiterlichen Vereinigung
GmbH

Die Deutsche Bibliothek — CIP-Einheitsaufnahme

Maschalani, George: Westernreiten Step by Step : Basistraining für Einsteiger, Umsteiger und deren Reitlehrer / George Maschalani. -
Warendorf : FN-Verl. der Dt. Reiterlichen Vereinigung, 2001
ISBN 3-88542-370-7

Autor:
George Maschalani

Mitarbeiter:
Julia Kaiser

Fotos:
Julia Kaiser, Helmut Nicklas
Titel: Büttner, Kc Montgomery

Bildauswahl und Grafik:
Julia Kaiser

Illustration:
Jeanne Kloepfer, Lindenfels

Gesamtgestaltung:
mf graphics, Marianne Fietzeck, Gütersloh

Lithographie:
mf graphics, Gütersloh

Digitale Bogenmontage, Druck und Verarbeitung:
MediaPrint, Paderborn

ISBN 3-88542-370-7

Gedanken zum Pferd

Leider wird das Reiten meist wie das Autofahren gelehrt: Tue dies, mache das – jetzt ziehen, da drücken etc., ohne Erklärung, warum diese Anweisungen erfolgen. Bei einem Auto – einer immer gleich funktionierenden Maschine – mag diese schematische Betriebsanleitung funktionieren; und wenn das Auto kaputt ist, kommt es in die Werkstatt. Die gibt es an jeder Ecke und es rentiert sich nicht, sich selbst in die Materie zu vertiefen. Von Fachleuten repariert, bekommt man es zur Benutzung zurück.

Beim Pferd sieht es da schon anders aus. Zum einen ist jedes Pferd eine Persönlichkeit und „funktioniert" im Rahmen der naturgegebenen Grundeigenschaften individuell. Schema F der Bedienungsanleitung klappt also nicht immer. Zum anderen können wir es nicht „eben mal schnell" in die Werkstatt geben, wenn etwas nicht funktioniert. Das ist auch nicht nötig, denn wenn wir seine Motorik und Art zu denken verstanden haben, können wir es selbst „reparieren" bzw. „Reparaturen" durch pferdegerechte Behandlung vorbeugen.

Wir müssen erkennen, warum die eine Hilfe funktioniert oder eine andere nicht. Dann muss man mit dem Wissen um die Natur des Pferdes den Fehler analysieren und die Hilfe für's Pferd verständlicher geben. Eine Hilfe sollte, wie der Name schon sagt, so geartet sein, dass sie dem Pferd hilft, zu verstehen und auszuführen, was der Mensch von ihm will. Sie muss also möglichst nah an der Natur des Pferdes sein. Dazu ist es wichtig, als Mensch das Verhalten des Pferdes zu studieren und seine Sprache zu erlernen. Die Natur des Pferdes ist es, ein Herdentier zu sein, mit einem festen Platz in der Rangordnung. In Harmonie mit dem Pferd zu sein heißt, sich wie ein Herdentier zu verhalten. 99% aller Pferde fühlen sich in der Rangordnung und Unterordnung der Herde wohl und sicher. Der Mensch, der das Pferd führen und anleiten will, übernimmt die Position des Alphatieres. Diese Position muss er durch sein Verhalten, seine Ausstrahlung erlangen und halten. Dazu gehört Drohen, Knuffen und Treten ebenso wie Fellkraulen, also Druck und Lob. Diesen psychologischen Aspekt muss man immer im Hinterkopf haben, wenn man eine Hilfe anbringt, genauso muss man aber die anatomischen Möglichkeiten kennen, was man von einem Pferd verlangen kann. Und letztlich muss man wissen, wie man diese theoretischen Erkenntnisse in die Praxis umsetzen kann.

Als ich mit dem Reiten begann und zum großen Teil aus Büchern und Videos lernte, vermisste ich immer genauere Erklärungen für die Praxis, z.B. wenn ein Autor schrieb „Schenkeldruck ausüben" oder „Zügel annehmen", wusste ich nie, wie viel „Ziehen" oder „Drücken", wie schnell, wie kurz oder lang der Zügel – und vor allem, warum? Selten wird erklärt, wie man agieren muss, wenn das Pferd nicht reagiert, und eigentlich wird nie gesagt, dass und wann man aufhören muss, wenn das Pferd etwas gut gemacht hat. Es fehlt die „Materialkunde". Arbeitsmaterialien sind hier das Pferd und seine Ausrüstung.

Wie halte ich die Zügel, ohne dass sich etwas verheddert, wie steige ich am sichersten auf usw... All diese Dinge bezeichne ich als die „handwerklichen Griffe", mit denen ein Trainer arbeitet und die, wie in jedem Handwerk, notwendig sind, um fachgerecht ein Ziel zu erreichen.

Diese Grundlagen und Verfahrensweisen musste ich mir selbst erarbeiten, musste sie erspüren, so wie alle „Reitwilligen", die mehr wissen und können wollen, als ein Schulpferd zu „bedienen".

Aufgrund dieser Erfahrungen bin ich in meinem Buch auch auf das „Warum" und

Jungstuten auf den Koppeln des Gestüts „Freestyle Ranch" in Erbach/Odenwald

nicht nur auf das „Wie" eingegangen. Ich erkläre, warum eine Hilfe gegeben wird und warum sie beim Pferd aufgrund seiner physischen und psychischen Beschaffenheit funktioniert. Und ich gehe auf die scheinbar nebensächlichen Kleinigkeiten und Handgriffe, die aber den Umgang mit dem Pferd so enorm erleichtern, ein.

Gedanken zur Reitweise

Während der Wochenendkurse, die ich in den letzten Jahren in Europa abgehalten habe, musste ich immer wieder feststellen, dass 90% der Teilnehmer den bedeutenden Unterschied zwischen der „klassischen" Reitweise und dem Westernreiten nicht verstanden haben, aber auch oft die Gemeinsamkeiten nicht wahr haben wollen, denn es handelt sich ja immer um das gleiche Lebewesen Pferd, mit dem wir umgehen, egal ob in Spanien, auf Island oder in Texas. Obwohl die meisten von ihnen das Westernreiten schon eine längere Zeit betrieben hatten, waren sie sich der Idee, die hinter dieser „anderen" Reiterei steckt, nicht bewusst.

Dieses Buch soll dem Einsteiger, dem Umsteiger und dem Freizeitreiter im Westernsattel die Grundlage der Westernausbildung aufzeigen, damit er schon frühzeitig beurteilen kann, worauf es beim Training ankommt und nicht – wie so viele – Zeit, Geld und Interesse verliert, bis er kompetente Anleitung von einem wirklich qualifizierten Ausbilder bekommt.

Gerade beim Westernreiten, das in Deutschland eine relativ junge Sportart ist, schießen selbst ernannte Trainer wie Pilze aus dem Boden. Ihre Qualifikation als Ausbilder ist oftmals fragwürdig. Da es beim Westernreiten keinen allgemein gültigen

Ausbildungsweg zum „Reitlehrer“ gibt, kann der Laie in der Regel nicht einschätzen, ob er tatsächlich einen qualifizierten Trainer vor sich hat.

Besonders jene, deren Namen in der Szene gänzlich unbekannt sind und die behaupten, vom Turniersport nichts zu halten, sind mit Vorsicht zu genießen. Andererseits ist wiederum nicht jeder erfolgreiche Turnierreiter ein begnadeter Lehrer.

Auch beim Westernreiten gilt: Ein Reitlehrer, der seine Botschaft nicht vermitteln kann, ist kein Fachmann auf seinem Gebiet. Die Unsitte, die Schüler entweder mit Fachausdrücken zu bombardieren oder sie zu behandeln, als seien sie Wesen mit besonders niedrigem Intelligenzquotient, ist häufig anzutreffen.

Viele, besonders die Umsteiger, die den noch immer weit verbreiteten Militärston der deutschen Reitschulen gewohnt sind, trauen sich nicht, Dinge, die sie nicht verstehen zu hinterfragen, und die Unzufriedenheit, die sie von der konventionellen Reiterei in die Arme des Westerntrainers getrieben hat, setzt sich fort...

Dieses Buch ist für alle geschrieben, die Wert darauf legen, ihren Ein- oder Umstieg zur Westernreiterei von Anfang an in die richtigen Bahnen zu lenken und die ernsthaftes Interesse am Westernreiten haben.

Mit der richtigen, gewissenhaften Einweisung ist jeder in der Lage, die Vorzüge dieser „etwas anderen“ Reitweise zu begreifen und zu genießen.

Viel Spaß beim Lesen!

Ziel aller Mühen: Eine perfekte Cowwork! – Pferd und Reiter sind eine Einheit bei der Arbeit am Rind. Hier George Maschalani mit „Doc Tivio Higgins“.

Genossenschaftskel
Erlenbach - Weins
Straße, Tel. 07
STUTTGA
Bayern

KAPITEL 1

Warum Westernreiten?

Fragt man einen Westernreiter – Anfänger und Fortgeschrittene gleichermaßen – warum sie sich für diese Reitweise entschieden haben, dann erhält man größtenteils sich ähnelnde Antworten.

Freiheitsgefühl und Zwanglosigkeit im Umgang mit dem Partner Pferd stehen für die meisten im Vordergrund. Die Ruhe und Ausgeglichenheit der Westernpferderassen begeistert sowohl Ein- als auch Umsteiger.

Besonders die Umsteiger vom „Englischreiten" wollen den gewohnten Befehlston und das ewige Abteilungsreiten in der Reithalle hinter sich lassen. Sie suchen nach einer Alternative und sind beeindruckt von der Leichtigkeit des Westernreitens. Der lange Zügel, die weich zu sitzenden, langsamen Gänge, die Beweglichkeit und der Gehorsam der Westernpferde überzeugt all diejenigen, die jahrelang mit Stechtrab und Durchgehen im Gelände, meterlangen Hilfszügeln und Unberechenbarkeit ihrer Rösser zu kämpfen hatten. Nur darf nicht vergessen werden, dass dieses Bild vom lässigen Westernpferd eine solide Grundausbildung voraussetzt. Zu behaupten, jedes Westernpferd wäre von Natur aus ein „Traum am langen Zügel" ist genauso eine Verallgemeinerung und ein Vorurteil, wie die Aussage: „klassische Pferde sind hitzige Durchgänger".

Mit dem Aufkommen des Westernreitens in Deutschland hat sich in den letzten Jahren auch die Einstellung zur Reiterei und zum Pferd stark verändert: Viele suchen in der Reiterei einen Ausgleich zum Alltag, wollen entspannt nach Feierabend einen Ausritt durch Wald und Feld machen, statt sich in der Halle mit endlosen Bahnfiguren zu quälen. Dafür wünschen sie sich ein nervenstarkes, gut zu sitzendes und einfach zu handhabendes Pferd.

Das Miteinander und der Spaß am Pferd stehen im Vordergrund. Diese Einstellung setzt sich in der Pferdehaltung fort: Im Western- und Freizeitreiterbereich dominieren Ställe, in denen artgerechte Haltung zum Wohl des Pferdes im Vordergrund steht.

Die Art, ein Westernpferd auszubilden und zu halten, macht es zu einem verlässlichen, ausgeglichenen und gehorsamen Partner. Der Begriff „Horsemanship", den es erst seit dem Aufkommen der Westernreiterei in Deutschland gibt, spiegelt am deutlichsten die Einstellung zum Pferd und zur Reiterei wieder.

Zwei zufriedene Sportsfreunde nach der Prüfung (George Maschalani auf „Call me Radical" nach der „Pleasure").

KAPITEL 2

Horsemanship – was ist das?

Die selbstverständliche Art, mit einem Pferd umzugehen, stammt aus den USA, wo noch heute in vielen Teilen des Landes die Gebrauchsreiterei im Vordergrund steht. Der Cowboy ist darauf angewiesen, mit seinem (Arbeits-) Partner Pferd optimal zu kommunizieren, sich oftmals blind, ohne offensichtliche Hilfengebung mit ihm zu verstehen. Aus dem alltäglichen Umgang mit dem Partner Pferd hat sich ein Miteinander zwischen Mensch und Tier entwickelt, das auf dem Verständnis für das Verhalten des Pferdes basiert.

Was in der klassisch-deutschen Reitweise der alte Rittmeister war, ist für die Westernreiterei der erfahrene Horseman, der durch jahrelange Beobachtung der natürlichen Verhaltensweisen des Pferdes jede Reaktion versteht und dieser im Umgang mit dem Pferd begegnen kann. Basierend auf dem Wissen, dass es sich beim Menschen um ein Raubtier, beim Pferd jedoch um ein Fluchttier handelt, und dass der Mensch sein Verhalten auf das des Pferdes einstellen muss, hat der Horseman eine harmonische Beziehung im Einverständnis mit seinem Pferd.

Dieses Einverständnis strebt der Westernreiter an, und zwar nicht nur im unmittelbaren Umgang mit dem Tier, sondern auch bezüglich dessen Haltung und Umfeld. Möglichst artgerechte Unterbringung in einer pferdegerechten Umgebung mit sozialem Kontakt steht im Vordergrund und geht Hand in Hand mit einer Ausbildung, die das natürliche Verhalten des Pferdes für sich nutzt und nicht zu unterdrücken versucht. Ziel des Horseman ist, eine Vertrauensbasis zu schaffen, um das Pferd frei von Angst und Druck schulen zu können. Der Horseman begegnet dem Pferd mit Liebe, Achtung und Respekt und ist sich der Verpflichtung und Verantwortung, die diese Partnerschaft mit sich bringt, stets bewusst.

Der Begriff Horsemanship ist von Horseman abgeleitet; er kann jedoch nicht wörtlich übersetzt werden. Am ehesten lässt sich Horsemanship als die Kunst, mit einem Pferd als Einheit zu harmonisieren, beschreiben, wobei die pferdegerechte Behandlung und Schulung des Tieres vor den Leistungsinteressen des Menschen stehen.

George Maschalani mit dem Quarter Horse Hengst „Charcool" in der Prüfung. „Hunter Hack" (oben) und in der „Western Pleasure" (unten)

KAPITEL 3

„Westernreiten“ – „Klassischreiten“

Der historische Unterschied

Das Westernreiten entstammt einer Zeit, als das Pferd vor dem Haus so selbstverständlich war wie heute das Auto – als Fortbewegungsmittel und „Arbeitsgerät“. Daraus entwickelte sich ein sehr natürlicher Umgang und eine einfache, für jedermann nachvollziehbare Handhabung des Pferdes. Zunächst war das Pferd Mittel zum Zweck, das Reiten an sich Nebensache; funktionieren musste es. Einfach und bequem für den Reiter, schonend fürs Pferd, denn es sollte ja – wie jedes andere wertvolle Arbeitsgerät – möglichst lange „halten“.

Sowohl für die Bequemlichkeit des Reiters als auch für die Gesundheit des Pferdes ist es unerlässlich, dass es „rund“, d.h. versammelt und im Gleichgewicht geht.

Die klassische Reitkunst ist, wie der Name schon sagt, eine Kunst. Das Reiten als Selbstzweck, als Erbauung, zum Zeitvertreib. Umso kunstvoller die Lektionen, desto besser. Und auch dies ist nicht ohne Versammlung möglich.

Die Versammlung

Beide Reitweisen haben die Versammlung des Pferdes zum Ziel. Im Zustand der Versammlung ist das Pferd „rund“. Es soll ein Spannungsbogen entstehen vom Maul, über Genick, Nackenband, Rückenmuskulatur, Kruppe bis hinunter in die Hinterbeine. So entsteht eine sich selbst tragende „Brückenkonstruktion“, gespannt aus Knochen und Sehnen/Bändern anstelle von Balken und Seilen.

Die gesamte Rückenlinie des Pferdes ist leicht nach oben gewölbt. Durch diese Haltung erreicht das Pferd sein vollkommenes Gleichgewicht, seine Bewegungen wirken gelöst, harmonisch und schwungvoll und es ist in der Lage, das Reitergewicht mit diesem aufgespannten Bogen aktiv zu tragen. Der Reiter wird schwingend getragen und sitzt nicht mehr auf einem von unten stoßenden Balken (inaktive Wirbelsäule). Auch in freier Natur zeigt sich diese „Abrundung“ des Pferdes in der Bewegung.

Alle Reitstile – gleichgültig, um welche es sich handelt – streben eine Gymnastizierung des Pferdes an, mit deren Hilfe die verhaltens- und körpergerechte Entwicklung des Pferdes seiner Natur entsprechend vervollkommnet wird.

Beim Klassischreiten wird die stete Versammlung des Pferdes durch permanentes „An-die-Hilfen-Stellen“ erreicht: Durch treibende Kreuz- und Schenkelhilfen wird das Pferd zum Vorwärtsgehen und zum „Untertreten“ veranlasst, während der anstehende Zügel, der eine weich federnde Verbindung zwischen Pferdemaul und Reiterhand darstellt, für Kopf und Hals eine Begrenzung nach vorne darstellt.

Durch dieses Zusammenspiel von Hilfen entsteht eine „Einrahmung“ des Pferdes, es tritt mit den Hinterbeinen unter seinen Schwerpunkt, rundet den Rücken und gibt im Genick nach. Ein losgelassener Bewegungsablauf mit Schwung aus der Hinterhand geht mit der Versammlung einher. Ein in Versammlung gerittenes Pferd ist aufgrund des Gleichgewichtes, in dem es sich befindet, für weitere Hilfen des Reiters durchlässig.

Auch beim Westernreiten wird diese Versammlung und damit die Durchlässigkeit des Pferdes angestrebt. Während im herkömmlichen Reitstil die Versammlung des Pferdes durch andauernde Hilfengebung erreicht wird, basiert die Versammlung im Westernreiten auf einem anderen Lernprinzip.

Um in die Versammlung zu kommen, erhält das westerngerittene Pferd anfänglich ebenfalls einrahmende Zügel- und Schenkelhilfen. Sobald es jedoch den gewünschten Rahmen eingenommen hat und diesen einhält, hört die Hilfengebung auf. Das heißt, der Zügel wird nachgegeben, die Schenkel treiben nicht länger. In dem Moment, in dem das Pferd aus dem Rahmen herausfällt, setzen die Hilfen sofort erneut ein, bis sich das Pferd wieder 'rund' bewegt.

Dieser Vorgang wiederholt sich so lange, bis das Pferd die Botschaft verstanden hat und sich am lockeren Zügel im angestrebten Rahmen selbst trägt. Hat das Pferd gelernt, sich im Gleichgewicht zu tragen, erübrigt sich eine Anlehnung an die Zügelhand.

In den Dressuraufgaben selbst wird das Westernpferd mit völlig anderen Zielen als beim Klassisch-Reiten ausgebildet: Hier steht die ursprüngliche Gebrauchsreiterei im Vordergrund, die es notwendig macht, dass das Pferd durch minimale Hilfengebung in der Lage ist, Aufgaben selbstständig, aber korrekt auszuführen. In der täglichen Arbeit mit dem Pferd ist es notwendig, dass die Verständigung zwischen Reiter und Pferd ohne ständige Hilfengebung funktioniert. Auf kleinste Impulse des Reiters hin muss das Pferd schnelle, enge Wendungen ausführen, aus hohem Tempo anhalten, die Richtung wechseln usw. Oftmals hat der Reiter keine Hand frei und dirigiert das Pferd nur durch Gewichts- und Schenkelhilfen.

Ein anschauliches Beispiel ist der Vergleich zwischen Turnaround (oder Spin) und der gelaufenen Hinterhandwendung: In beiden Reitweisen soll das Pferd die Vorderbeine überkreuzen und so um die Hinterhand herumlaufen. Das äußere Hinterbein „läuft“ dabei um das auf der Stelle tretende innere Hinterbein herum. In der klassischen Reitweise wird das Pferd durch ständige Hilfengebung Schritt für Schritt durch die Wendung geritten.

Beim Westernreiten lernt das Pferd in der Ausbildung einen bestimmten Befehl für die Wendung. Gibt der Reiter dann den erlernten Befehl, so führt das Pferd diesen so lange selbständig aus, bis dieser Befehl durch einen weiteren wieder aufgehoben wird. Diese Art von Hilfengebung nennt man Signalreitweise.

Schon hier wird deutlich, dass der Anspruch an das dressurmäßige Reiten in beiden Reitweisen völlig verschieden ist. Während in der klassischen Dressur das Pferd durch permanente Hilfengebung in jeder Bewegung kontrolliert und geführt wird, ist das Pferd beim Westernreiten darauf geschult, auf minimale Signale hin Aufgaben möglichst selbstständig auszuführen. Kein Reiter kann bei der hohen Geschwindigkeit eines Spins (mehrere schnelle Hinterhandwendungen hintereinander) die einzelnen Beinbewegungen seines Pferdes aktiv beeinflussen.

Allerdings darf die Signalreitweise nicht falsch verstanden werden: Auch der Westernreiter hat sein Pferd ständig unter Kontrolle. Westernreiten heißt nicht, mit weggestreckten Beinen auf dem Pferd zu sitzen und gelegentlich mal den einen oder anderen „Knopf“ zu drücken!

George Maschalani auf „Doc Tivio Higgins“ im Spin

KAPITEL 4

Das Westernpferd – ein anderes Pferd?

Aus den unterschiedlichen Ansprüchen, die an die beiden Reitweisen gestellt werden, resultieren unterschiedliche Ansprüche an das Pferd.

Während ein großrahmiges Warmblutpferd mit hoher Knieaktion und schwungvollen Gängen für die Dressurreiterei erwünscht ist, und auch den Zweck dieser Reiterei erfüllt, so stellt sich der Westernreiter ein völlig anderes Pferd vor.

Das Pferd der Gebrauchsreiterei – und als solche versteht sich die Westernreitweise – muss dem Reiter ermöglichen, auch über einen längeren Zeitraum hinweg angenehm zu sitzen. Ein Dressurpferd, welches stetig mit körperlichem Aufwand an die Hilfen gestellt werden muss, um versammelt zu sein und somit angenehm auszusitzen ist, erfüllt diesen Anspruch nicht.

Die flachen Bewegungen eines Pleasurepferdes, hier „PO Bayoto Doc“

Ein Westernpferd zeichnet sich deshalb durch flache Knieaktion verbunden mit einem minimal schwingenden Rücken aus, wobei die Vorderbeine beim Laufen raumgreifend, aber bodennah ausholen. Auf diese Weise kann das Pferd kraftsparend lange Strecken zurücklegen. Dem Reiter erlaubt dieser Gang ein ermüdungsfreies Reiten über einen längeren Zeitraum.

Dem Untertreten wird auch beim Westernreiten große Bedeutung beigemessen, da die Wendigkeit des Pferdes größer ist, je besser es unter seinen Schwerpunkt tritt. Der Hinterfuß soll mindestens bis unter die Senkrechte des Knies nach vorne treten.

Eine gute Bemuskelung erleichtert es dem Pferd, in seiner natürlichen Versammlung zu laufen und ermöglicht ihm, auch mit einem schweren Reiter im Gleichgewicht zu bleiben.

Um die für die Gebrauchsreiterei wichtige Wendigkeit zu gewährleisten, muss das Pferd kompakt gebaut sein und sollte eine bestimmte Größe nicht überschreiten.

Neben den körperlichen Eigenschaften, die ein gutes Westernpferd ausmachen, gibt es charakterliche Merkmale, die das Westernpferd als verlässlicher (Arbeits-) Partner aufweisen muss.

Man wünscht sich ein intelligentes Pferd, das arbeitswillig und ehrlich ist. Nervenstärke, Mut und Ausgeglichenheit sind für den Cowboy im täglichen Ranchalltag ebenso wichtig wie für den deutschen Cowboy, der auf seinem Pferd „nur“ durch Wald und Feld streifen möchte.

Hier schließt sich der Kreis bei der Überlegung, warum das Westernreiten seit Jahren immer beliebter wird: Aus der amerikanischen Gebrauchsreiterei stammend zeichnet sich das Westernreiten durch eine Selbstverständlichkeit im Umgang mit dem Partner Pferd aus. Je selbstverständlicher und alltäglicher die Beschäftigung, desto zwangloser und angenehmer wird der Umgang zwischen Mensch und Pferd.

Und eben diese Zwanglosigkeit im Umgang, verbunden mit Eleganz und Leichtigkeit in der Reiterei bietet vielen Reitern die gesuchte Alternative.

KAPITEL 5

Das geeignete Pferd – wie finde ich das?

Noch heute kursiert die weitläufige Meinung, jedes Pferd eigne sich für die Western-Ausbildung oder für die Umstellung auf die Westernreitweise. Dass dies nicht der Fall ist, sollte nun deutlich geworden sein.

Es ist jedoch in der Tat nicht unbedingt zwingend, einen typischen Vertreter der Westernpferderassen anzuschaffen, wenn man diesen Reitstil betreiben möchte. Eine Vielzahl von Rassen oder Kreuzungen eignet sich sehr gut zum Westernreiten, und mehr als einmal wurde erfolgreich bewiesen, dass man es auch mit „untypischen" Westernpferden sogar im Turniersport weit bringen kann. Andererseits gibt es Rassen bzw. Typen, die aufgrund ihres Körperbaus oder ihrer Charaktermerkmale für diese Reitweise völlig ungeeignet sind.

Für den Ein- und Umsteiger, der bereits stolzer Pferdebesitzer ist, stellt sich nun die Frage, ob es Sinn macht, den Vierbeiner umzustellen. Niemand käme auf die Idee, einen schweren Norweger in die hohe spanische Schule einzuweisen; ebenso kritisch und realistisch sollte man auch bezüglich der Wahl seines Westernpferdes sein.

Es soll in diesem Buch nicht darum gehen, für die Vertreter der typischen Westernrassen zu werben; es geht einzig und allein darum, ein Pferd nach seiner Eignung für den jeweiligen Verwendungszweck – hier das Westernreiten – zu beurteilen. Und da sollte jeder Pferdebesitzer ehrlich sich selbst und dem Pferd gegenüber sein.

Wer sich bewusst darüber ist, dass sich sein Pferd nur bedingt eignet, sollte sich auch im Klaren darüber sein, dass er reiterlich sehr schnell an die Grenzen stößt und erhebliche Abstriche hinsichtlich der Ausbildungsmöglichkeiten machen muss. Wer das Westernreiten ernsthaft betreiben möchte oder gar Turnierambitionen hat, sollte in diesem Fall überlegen, ein gutes Plätzchen für sein Pferd zu finden, wo dieses seinen Möglichkeiten entsprechend geritten wird, und sich dann nach einem geeigneten Kameraden passend zu den neuen reiterlichen Ambitionen umzuschauen.

Besonders glücklich können sich diejenigen schätzen, die zu ihrem altgedienten Freizeitpferd, welches über ein bestimmtes Ausbildungsstadium nicht hinauskommt, ein solide ausgebildetes Westernpferd hinzukaufen können.

Appaloosa-Deckhengst „Romeo Co Star" von George Maschalani

KAPITEL 6

Der Idealtyp des Westernpferdes

Bei der Suche nach dem geeigneten Pferd sollte nicht die subjektiv empfundene Schönheit oder gar die Farbe im Vordergrund der Betrachtung stehen, sondern immer der Gesamteindruck hinsichtlich der Harmonie des Körperbaus und des jeweiligen Rassetyps.

Wer beabsichtigt, ein Pferd zu kaufen, sollte bestimmte Bilder „vor dem geistigen Auge" haben, nach denen er sein Pferd auswählt.

Als Westernreiter bevorzugt man meist die Rassen Quarter Horse, Paint oder Appaloosa, wobei das Quarter Horse als das Westernpferd schlechthin gilt. Aufgrund von Körperbau, Typ, Bewegung und Wesensmerkmalen ist diese Rasse aufgrund jahrelanger Auslese für die Westernreitweise prädestiniert. Aber auch wenn keine dieser Rassen in Frage kommt, so gehe man stets auf die Suche nach einem Pferd, das den für das Westernreiten geeigneten Typ und Körperbau mitbringt und von dem man sich vorstellen kann, dass es die Ansprüche an Charakter und Beweglichkeit erfüllt.

Mit dem Idealtyp – in unserem Fall dem Quarter Horse – vor Augen, fällt es nicht mehr schwer, ein geeignetes Pferd auszusuchen.

Werbeplakat der AQHA, ein Gemälde von Orren Mixer, welches den Idealtyp eines Quarter Horse zeigt

Das Exterieur

Der Körperbau des Pferdes – übrigens gleichgültig, ob typisches Westernpferd oder eine andere Rasse – muss harmonisch sein, d.h., die einzelnen Körperteile müssen zueinander passen, sodass sie im Ganzen ein ausgewogenes Bild abgeben. Die eigentliche Körpergröße spielt dabei eine untergeordnete Rolle. Wichtig ist das Gleichgewicht, die Harmonie.

- **Der Kopf** sollte im Größenverhältnis zum Körper passen. Plumpe oder stark ramsnasige Köpfe widersprechen unserem Schönheitsideal, wir suchen ein Pferd mit „trockenem", edlem Kopf, der für die meisten geeigneten Rassen typisch ist.
- **Die Augen** sind klar, ihr Ausdruck gutmütig und furchtlos. Eine weiß umrandete Iris ist bei manchen Rassen – z.B. bei den Appaloosas das so genannte Menschenauge – typisch und darf nicht als Charakterfehler gewertet werden. Bei anderen Rassen sind weiße Augenränder jedoch nicht normal, und Pferde, die ihre Augen ständig aufgerissen haben, sind häufig charakterlich nicht einwandfrei. Matte Augen sind ein Zeichen mangelnder Gesundheit!
- **Die Nüstern** sollen in ihrer Größe zur Proportion des Kopfes passen. Sie sollen weich und entspannt sein. Aufgeblähte Nüstern mögen zwar edel aussehen, könnten aber auf ein nervöses Pferd hindeuten.
- **Ganaschenfreiheit** bezeichnet die Verbindung zwischen Kopf und Hals. Diese Verbindung sollte fein, das Genick beweglich sein. Pferde mit ungenügender Ganaschenfreiheit haben Schwierigkeiten, beim Reiten in der Versammlung im Genick nachzugeben.
- **Der Hals** darf nicht zu kurz und nicht zu dick sein, damit das Pferd auch hier in den Versammlungsphasen leicht nachgeben kann. Ein dicker, kurzer Hals erschwert dem Reiter die Einwirkung und behindert durch seine Unbeweglichkeit das optimale Gleichgewicht des ausbalancierten Pferdes. Der Hals soll sich weder zu hoch noch zu tief in die Schulter einpassen. In Ruhestellung sollte er waagerecht bis leicht gewölbt ansteigend getragen werden. Ein hoch gereckter Hals deutet möglicherweise auf ein verspanntes, aber in jedem Fall schwer zu versammelndes Pferd hin. Ein stark ausgeprägter Unterhals ist ein Hinweis auf ein schlecht gerittenes Pferd bzw. ein Pferd, das ständig gegen die Reiterhand kämpft.
- **Der Brustkorb** soll zwar nicht sehr breit, dafür aber tief und lang sein. So bietet er genügend Raum für eine optimale Herz- und Lungentätigkeit.
- **Der Widerrist** ist gut ausgeprägt und läuft lang und fließend in einen kurzen Rücken. So bietet er eine gute Sattellage. Für Pferde mit zu hohem Widerrist oder ohne deutliche Ausprägung einen passenden Sattel zu finden, ist häufig sehr problematisch.
- **Die Schulter** wird besonders hinsichtlich ihrer Winkelung beurteilt: Ein Pferd, dessen Schulter steil gewinkelt ist, hat einen kurzen Schritt, während ein Pferd mit einer flacher gewinkelten Schulter eine größere Schrittlänge zeigt. Pferde mit steiler Schulter und kurzen Schritten sind nie bequem zu sitzen, häufig ist ihr Gang unelastisch und stockend. Der Winkel sollte außerdem zur Winkelung der Fesselgelenke passen. So kann der Bewegungsapparat Stöße optimal abfangen.
- **Die Hinterhand:** Je schräger die Linie der Kruppe verläuft, desto besser kann das Pferd seine Hinterbeine unter den Schwerpunkt bringen, also untertreten. Eine runde und von der Seite gesehen tief herunterreichende Hinterhandmuskulatur ermöglicht dem Pferd kraftvolle Bewegungen.

Schulter- und Hüftknochen sollten im gleichen Winkel zur Rückenlinie stehen, so ist das Pferd am besten ausbalanciert und es ist ihm leichter möglich, sich im Gleichgewicht zu tragen.

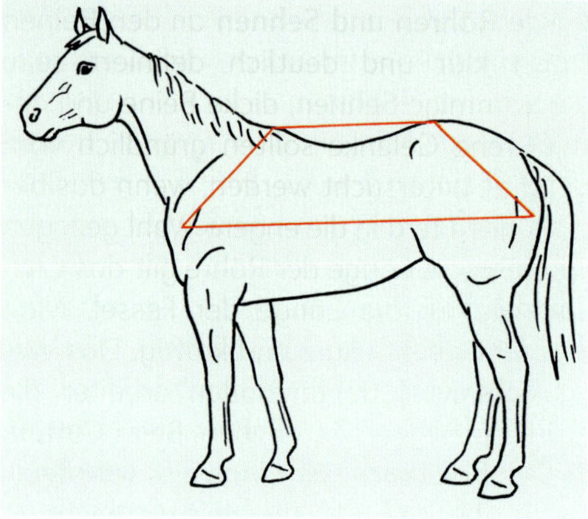

Schulterblatt und Hüftknochen sollen ein „Trapez" bilden.

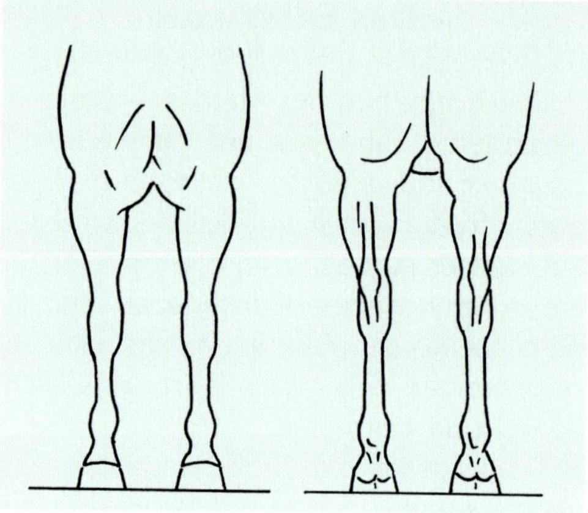

Die Vorderhand *Die Hinterhand*

Die Vorderbeine bilden von vorne gesehen zwei gerade Linien, die parallel zueinander verlaufen. Eine gedachte senkrechte Linie verläuft durch das Schultergelenk und halbiert die Gliedmaße und den Huf. Der Abstand zwischen den Hufen misst idealerweise eine Hufbreite. Von der Seite gesehen soll ein aus der Mitte des Schulterblattes gefälltes Lot durch das Ellbogengelenk, das Vorderfußwurzelgelenk sowie das Fesselgelenk verlaufen und hinter dem Ballen auf dem Boden enden.

Die Hinterbeine bilden ebenso von hinten gesehen zwei gerade Linien und stehen parallel zueinander, auch hier soll zwischen den Hufen eine Hufbreite Abstand sein. Von der Seite aus gesehen berührt ein vom Ansatz der Schweifrübe gefälltes Lot die hintere Seite des Sprunggelenkhöckers, verläuft dann parallel mit der hinteren Röhre und trifft hinter dem Fesselgelenk auf den Boden (ein Westernpferd steht mit der Hinterhand mehr unter sich, als bei der klassischen Definition von korrekten Hinterbeinen dort fällt man das Lot vom Sitzbeinhöcker). Sowohl die Hinter- als auch die Vorderbeine eines Westernpferdes sollten gut bemuskelt sein. Im Gegensatz zu Pferden, die ausschließlich auf Ausdauer und Schnelligkeit gezüchtet werden und deren Muskeln lang und flach sind, benötigt das Westernpferd Muskeln, die zudem kraftvoll kurze, plötzliche Wendungen unterstützen. Dafür hat es gut ausgeprägte Muskeln, besonders die so genannten „Gaskins" an der Innenseite der Hinterbeine. Diese halten beispielsweise die Hinterbeine beim Sliding Stop zusammen in einer Spur.

Die Fessel- und Hufstellung ist ideal, wenn – wie bereits oben beschrieben – Fesselgelenke und Hufe jeweils von vorne bzw. hinten gesehen durch die gedachte senkrechte Linie in der Mitte geteilt werden. Knickt die Senkrechte im Fesselgelenk nach außen ab, so spricht man von einer zehenweiten Stellung, knickt sie nach innen, so spricht man von zehenenger Stellung.

Eine leichte Zehenweite ist bei vielen Pferden anzutreffen, sie ist durchaus akzeptabel. Lediglich an den Hinterbeinen kann sie beim Reiningsport, besonders im „Sliding Stopp" problematisch werden, da die Hinterbeine beim Sliden (Gleiten im Stop), oftmals auseinanderrutschen können. Die Fesseln eines Westernpferdes wünscht man sich eher kurz, da man ein insgesamt kurzes, stabiles Bein bevorzugt. Lange Fesseln federn zwar den Schwung besser ab, sind aber auch anfälliger und für die direkte Kraftübertragung bei schnellen Wendungen weniger geeignet. Von der Seite gesehen soll eine gerade Linie durch das Fesselbein und den Huf, dort parallel zur Hufwand, verlaufen. Diese Achse darf nicht gebrochen sein. Die oft bei Halter-Pferden steile Fessel fordert daher steile Hufe, was sich auf die Zehengelenke negativ auswirkt, da sie so den Stößen beim Auffußen direkter ausgeliefert sind, als bei schrägerer Stellung, bei der mit Hilfe der Sehnen eine Federwirkung entsteht.

■ **Die Hufe** sollen oval sein, nicht zu spitz und nicht zu stumpf (Faustregel: Vorderhuf 45°, Hinterhuf 55° Idealwinkelung). Der Vorderhuf ist meist runder und etwas breiter als der Hinterhuf. Die Hufgröße soll passend zur Körpergröße des Pferdes sein; ein kräftiges, schweres Pferd hat größere Hufe als ein zierliches. Es wird oft behauptet, ein spitzer Hinterhuf könne besser sliden; beweisen lässt sich dies allerdings nicht, und so sollte man einer gesunden Idealform den Vorzug geben. Die Hornsubstanz der Hufe sollte hart, dabei jedoch nicht spröde sein.

■ **Die Röhren und Sehnen** an den Beinen sollen klar und deutlich definiert sein, schwammige Sehnen, dicke Beine und angelaufene Gelenke sollten gründlich vom Tierarzt untersucht werden, wenn das betreffende Pferd in die engere Wahl gezogen wird. Für die Länge der Röhre gilt das Gleiche wie für die Länge der Fessel. Man wünscht sie sich kurz und kräftig. Das Westernpferd soll „tief am Boden" arbeiten, die Beine stets unter sich haben. Beim Cutting und in der Reining sieht man dies sehr deutlich: Die Sprunggelenke berühren bei manchen Manövern fast den Boden. Da wären lange Beine oftmals hinderlich; die Übungen wären aufgrund des längeren Hebels auch anstrengender für das Pferd.

■ **Die Gelenke** sollten insgesamt zum Knochenbau des Pferdes passen. Im Verhältnis zum Muskelapparat wenig ausgeprägte Gelenke können später Problemstellen werden. Besonders das Sprunggelenk sollte von der Seite aus gesehen breit und stark ausgeprägt sein.

■ **Überbeine und Gallen** sind auch bei jungen Pferden häufig anzutreffen, wobei sie von Fall zu Fall auf einen weichen Knochenbau, zu frühe oder zu starke Beanspruchung hindeuten können.

Der Tierarzt sollte hier im Einzelfall zu Rate gezogen werden; er kann beurteilen, inwieweit ein Überbein oder Gallen spätere Probleme mit sich bringen könnte. Überbeine sind Auftreibungen am Knochen, meist durch einen Schlag oder Überlastung entstanden; Gallen sind weiche, sich zum Teil verhärtende Verdickungen im Sehnenscheiden- und/oder Gelenkkapselbereich durch vermehrte Flüssigkeitsfüllung.

Typvoller QuarterHorse-Kopf – Farbstiftzeichnung des „Charcool"-Sohns „Ima Cool Zippo" von Monika Marquard

Der Bewegungsablauf

Von vorne und hinten gesehen treten die Hufe beim Laufen in allen Gangarten in zwei parallel zueinander verlaufenden Spuren. Dabei dürfen sie weder einen Bogen nach außen noch nach innen beschreiben, da sonst ein Stellungsfehler des Vorderfußwurzel-, Sprung- oder Fesselgelenkes vorliegt.

Die Bewegungen sollten flüssig sein, geprägt durch Antrittsstärke und korrekte Mechanik der Gliedmaßen. So muss, wenn das Pferd im Schritt auf hartem Boden geführt wird, ein klarer, regelmäßiger Viertakt zu hören sein, im Trab ein Zweitakt. Im Galopp sollte das diagonale Beinpaar, welches gleichzeitig vorschwingt, ebenso gleichzeitig am Boden auf- und abfußen. So ist der gewünschte Dreitakt im Galopp gewährleistet. Mit diesen einfachen Beobachtungen kann auch der Laie den regelmäßigen Bewegungsablauf nachvollziehen.

Das für die Westernreitweise ideale Pferd zeichnet sich durch flache Bewegungen aus. Durch geringen Raumverlust zum Boden ist so ein Vorwärtskommen mit minimalem Kraftaufwand möglich: Das Pferd hebt das Vorderbein an, dieses schwingt leicht gewinkelt nach vorne und streckt sich wieder in der Vorwärtsbewegung. Bereits kurz vor dem Auffußen auf den Boden ist das Bein wieder gestreckt. Je flacher dieser Vorgang ausgeführt wird, d.h. je weniger das Vorderfußwurzelgelenk in die Höhe gezogen wird, desto angenehmer ist die Bewegung für den Reiter.

Bei den Hinterbeinen ist darauf zu achten, dass diese in der Bewegung weit unter den Körper des Pferdes treten, mit dem Sprunggelenk bis mindestens unter das Kniegelenk.

Nach hinten sollten die Hinterbeine nicht viel über das Lot hinwegtreten, welches gedanklich vom Ansatz der Schweifrübe gefällt wird. Bewegt sich die Hinterhand des Pferdes auf diese Weise, so geht das Pferd im Gleichgewicht; es trägt sich selbst.

Die Rückenlinie sollte sich beim Laufen nur minimal auf und ab bewegen. Je schwächer die Auf-Abwärts-Bewegung ist, desto bequemer und einfacher ist das Pferd auszusitzen.

Am deutlichsten erkennt dies der Laie, indem er sich am Horizont orientiert, wenn er das Pferd von der Seite aus in der Bewegung beobachtet. Auch der Hals des Pferdes darf in der Bewegung nicht auf und ab schwingen. Er bleibt in allen drei Gangarten in der vom Reiter gewünschten Position. So ist gewährleistet, dass sich das Pferd frei aus der Schulter bewegt und nicht den Hals hochheben muss, um seiner Schulter freien Raum zum Vorgreifen zu gewähren.

Ein „Beweger“, wie er eben beschrieben wurde, ist durch seinen Körperbau auf natürliche Weise ausbalanciert, seine Bewegungen sind auch am langen Zügel flüssig und harmonisch. Für den Reiter minimieren sich bei einem solchen Pferd die Versammlungsarbeiten!

Der „Beweger“: Auch im freien Galopp – flache Aktion der Vorderbeine und gut untersetzende Hinterbeine.

Das Interieur

Unter dem Interieur versteht man das Wesen, den Charakter eines Pferdes. Besonders für den Einsteiger ist es wichtig, ein Pferd zu finden, das ehrlich, gutmütig und leistungsbereit ist. Dies sind die wichtigsten Voraussetzungen für Spaß am Pferd und am Reiten. Nervenstärke und Ruhe sind weitere Wesenszüge, die Ihr Traumpferd mitbringen sollte.

Ein offensichtlich nervöses Pferd wird Ihnen im Gelände und in vielen, unvorhersehbaren Situationen wenig Freude bereiten, und der fromme Wunsch, dieses Verhalten könne man mit viel Geduld und Liebe „aberziehen", hat schon viele Reit- und Pferde-Neulinge in große Schwierigkeiten gebracht. Ebenso sollte man Pferde, die – aus welchem Grund auch immer – schlagen oder beißen, strikt aus der engeren Wahl nehmen.

Natürlich ist nicht auszuschließen, dass all diese „Problempferde", die preisgünstig zu haben sind, von erfahrenen Pferdeleuten „geheilt" werden können, aber diese Aufgabe sollte auch wirklich diesen überlassen werden. Sie als Einsteiger suchen ein „Verlasspferd", keinen Sparring-Partner.

Zum Thema „Ruhe" noch ein Tipp: Seien Sie wachsam, wenn Ihnen ein besonders ruhiges Pferd vorgeführt wird, welches auf Sie einen eher apathischen Eindruck macht.

Es gibt Fälle, in denen sich lammfromme Tiere nach 2 Tagen im neuen Stall plötzlich als schreckhaft oder gar bösartig entpuppten.

Mit Beruhigungspulver oder gar -spritzen können nervöse oder bösartige Pferde schnell und über einen gewissen Zeitraum in sanftmütige Schmusetiere verwandelt werden. Vermeiden Sie unnötigen Ärger und besuchen Sie das Pferd einfach ein zweites Mal – diesmal ohne Voranmeldung...

Der Ausbildungsstand

Der Ausbildungsstand Ihres Wunschpferdes sollte zu Ihrem reiterlichen Können passen. Deshalb ist ausgiebiges Probereiten auch wichtig. Natürlich ist es möglich, dass Sie beim ersten Ritt nicht hundertprozentig mit dem ins Auge gefassten Pferd zurechtkommen; eine Basis der gegenseitigen Verständigung muss jedoch vorhanden sein! Besonders für Einsteiger gilt:

Merke:

Der beste Lehrmeister für den Reiter ist ein solide und voll ausgebildetes Pferd!

Ein typvolle zweijährige Quarter-Horse-Stute

KAPITEL 7

Der geeignete Reiter – Der geeignete Reitlehrer

Der geeignete Reiter

Sicherlich werden Sie sich jetzt verwundert fragen: Was soll das? Natürlich hätten Sie jetzt nicht dieses Buch vor sich, wenn Sie sich nicht als Reiter oder als potentieller Reiter verstünden.

Verinnerlicht man jedoch einmal die vielen Bilder, die man häufig auf Turnierplätzen aller Reitweisen, aber auch in jedem örtlichen Reitverein zu sehen bekommt, so versteht man schnell den Sinn dieses Abschnittes.

Vor allem die Verfechter der Westernreitweise schmücken sich mit dem schon erläuterten Begriff der Horsemanship. Einfühlungsvermögen, Fairness, Geduld und vor allem Selbstbeherrschung sollten für jeden von uns Reitern selbstverständlich sein. Der Horseman sucht die Fehler immer zunächst bei sich selbst. Er lässt eigene Unzulänglichkeiten niemals am Pferd aus.

Weiterhin zeichnet sich der Horseman durch Verantwortungsbewusstsein besonders für seinen Partner Pferd, für dessen körperliches und seelisches Wohlbefinden er sorgen muss, aber auch gegenüber seinen Mitreitern und deren Pferden aus. Er geht beim Reiten – gleichgültig ob in der Bahn oder im Gelände – keine Risiken ein, die ihn, sein Pferd oder irgendjemand anderen gefährden könnten.

Auch wenn es für den Laien meist nicht danach aussieht: Der Reiter muss körperlich fit sein, denn in gewisser Weise ist Reiten auch anstrengend. Gewicht und Größe

spielen eine untergeordnete Rolle; sie müssen jedoch zu den Proportionen des Pferdes passen. Ein weiterer Punkt, der nicht unterschätzt werden darf, ist das Konzentrationsvermögen. Wer glaubt, mit Draufsetzen und Losreiten sei es beim ruhigen Westernpferd getan, der irrt. Gerade bei der dressurmäßigen Arbeit, aber auch beim Ritt durch Wald und Feld muss man bei der Sache sein. Entspannung und Spaß gehen stets mit Konzentration einher, wenn man die richtige Anleitung erhält.

Der geeignete Reitlehrer

In der Anfangsphase der Reitausbildung ist ein guter Lehrer die Grundvoraussetzung für optimales Lernen. Wichtig ist, dass er Wissen verständlich vermitteln kann – und zwar während Sie auf dem Pferd sitzen. Theoretiker bringen Sie nicht weiter.

Ihr Lehrer hat idealerweise fundierte Erfahrung in der Ausbildung von Pferden. So fällt es ihm leichter, nicht nur die Schulpferde, sondern auch die eigenen Pferde der Reitschüler richtig einzuschätzen. Er darf weder Sie noch Ihr Pferd überfordern. Dazu benötigt er neben reiterlichen auch pädagogische Fähigkeiten, deren Wichtigkeit gerade beim Westernreiten oftmals verkannt werden. So ist dann auch nicht jeder erfolgreiche Turnierreiter oder Trainer ein begnadeter Lehrer, der sein Fachwissen schülergerecht weitergeben kann. Stellt sich bei Ihnen das Gefühl ein, trotz regelmäßigen Unterrichts nicht weiterzukommen, liegt dies in den meisten Fällen am Lehrer, der nicht fähig ist, sein Fachwissen zu vermitteln.

Stetes Dazulernen gilt natürlich nicht nur für die Reitschüler – auch Ihr Lehrer ist nicht perfekt. Weiterbildung ist hier das passende Stichwort: Erkundigen Sie sich, ob sich Ihr Reitlehrer von Zeit zu Zeit bei anderen Trainern weiterbilden bzw. korrigieren lässt. Scheuen Sie sich nicht, nachzufragen, wo er seine Kenntnisse erworben hat. Gerade in der Westernreit-Szene gibt es unzählige reiterlich schwache Ausbilder, die meinen, mit unbedarften Reitschülern die schnelle Mark machen zu können. Deshalb ist auch Vorsicht vor Trainern, die nur Pferde „made in USA“ vorstellen und im Stall haben, geboten: Diese Tatsache heißt noch lange nicht, dass sie in der Lage sind, Pferde und Reiter korrekt und erfolgreich auszubilden.

Selbst ausgebildete Pferde, die in Europa erfolgreich vorgestellt werden, sind meist ein Zeichen dafür, dass der betreffende Trainer sein Handwerk versteht und nicht auf die Vorarbeit der Profis aus Amerika angewiesen ist. Wichtig ist, dass Ihr Trainer individuell auf Sie und – falls Sie es mitbringen – auf Ihr eigenes Pferd eingehen kann. Ein Ausbilder, der nur auf Schulpferden unterrichten kann, bringt Sie, wenn Sie bereits ein Pferd besitzen, nicht weiter.

Wenn Sie einen Lehrer gefunden haben, von dem Sie meinen, er könne Ihnen die Basis des Westernreitens vermitteln, dann bleiben Sie eine Weile bei ihm.

Zu frühes Wechseln des Trainers kann den Ein- oder Umsteiger schnell verwirren, da es beim Westernreiten kein festes Regelwerk, z.B. für die Hilfengebung, gibt. Der Fortgeschrittene, der schon mehrere Stile kennen gelernt hat, wird sich irgendwann für den einen oder anderen entscheiden und hat ein besseres Verständnis für diese „Artenvielfalt“.

Rossbacher Hof

KAPITEL 8

Der Ausbildungsbetrieb und das Schulpferd

Besonders beim Westernreiten ist es sehr schwer, einen geeigneten Ausbildungsstall zu finden, in dem Unterricht auf Schulpferden angeboten wird. Abteilungsreiten mit zehn Pferden, die brav in der Abteilung vor sich hin trotten, gibt es praktisch nicht. Das ist auch nicht das, was der Westernreiter sucht. In kleinen Gruppen mit möglichst individuellem Unterricht lernt der Ein- und Umsteiger am besten. Reine Anfänger, die noch nie auf einem Pferd saßen, sollten ihre ersten Versuche an der Longe machen. Ein guter Ausbildungsstall bietet auch diese Unterrichtsform an, damit der Reiter sich zunächst voll und ganz auf sich und seinen Sitz konzentrieren kann, ohne das Pferd kontrollieren zu müssen.

Wenn Sie einen Ausbildungsstall anschauen, achten Sie darauf, welchen Eindruck die Anlage macht: Stall, Sattelkammer, Reitplatz und -halle sowie die gesamten Außenanlagen sind Aushängeschild des Betriebes. Sie sollten in sauberem, gepflegtem Zustand sein. Reitplatz und -halle müssen sicher umzäunt sein, Stacheldraht oder herausstehende Nägel sind ein Armutszeugnis für jeden Betrieb!

Die Unterbringung der Schulpferde sollte ebenso gepflegt sein wie die der Privatpferde. Ein Betrieb, der seine Schulpferde in schlecht gemisteten Boxen oder gar Ständern hält, ist abzulehnen. Schauen Sie sich die Schulpferde genau an: Wenn diese müde und apathisch erscheinen, geschwollene Beine, weiße Flecken am Widerrist (deutet auf Satteldruck hin) oder andere Verletzungen haben und dennoch im Schulbetrieb eingesetzt werden, dann suchen Sie schleunigst das Weite! Noch immer kommt es leider vor, dass Schulpferde unter unwürdigen Verhältnissen mit mangelnder Pflege und medizinischer Betreuung gehalten werden, um in kurzer Zeit möglichst viel Geld einzutreiben.

Ihr Schulpferd sollte einen munteren, zutraulichen Eindruck machen und sich überall anfassen lassen. Es lässt sich willig putzen, satteln und auftrensen. Unter dem Sattel ist es ruhig und ausgeglichen, sodass Sie sich auf den Unterricht konzentrieren können. Unausgeglichene oder zu temperamentvolle Pferde stören den Unterricht ebenso wie zu ruhige Pferde, die von ihrem Reiter ständig vorwärts getrieben werden müssen. Auf solchen Pferden fällt es schwer, einen ruhigen, sicheren Sitz zu erlernen. Das Schulpferd sollte gehfreudig sein, feinfühlig auf die Hilfen reagieren und auf Zügelzug im Genick nachgeben. Zu sensible Pferde eignen sich jedoch nicht als Anfänger-Schulpferde.

Eine solide Grundausbildung ist natürlich die wichtigste Voraussetzung für ein Schulpferd. Hüten Sie sich vor Ställen, in denen Reitschüler junge, unerfahrene Pferde mit mangelnder Ausbildung reiten. Diese Pferde können zwar durchaus ruhig und zuverlässig sein, aber der Schüler lernt nichts – er bewegt lediglich für den Trainer die Pferde!

Schauen Sie sich einige Reitstunden im Stall Ihrer Wahl an, bevor Sie dort beginnen.

Als Zuschauer können Sie recht gut beurteilen, ob die Art des Unterrichtes zu Ihnen passt, ob die Pferde geeignet und dem jeweiligen Ausbildungsstand des Reiters angepasst sind.

Die zugeteilten Schulpferde sollten außerdem zu Gewicht und Körpergröße der jeweiligen Reiter passen. Vom Verhalten der Pferde während der Reitstunde können Sie auch darauf schließen, ob diese für eventuelle Geländeritte geeignet wären.

Pferde, die schon in der gewohnten Umgebung scheuen und schreckhaft sind, taugen für Geländeritte mit Reitschülern nichts.

Der Unterricht findet in einer Halle oder auf einem sicher eingezäunten Platz mit gut bereitbarem Boden statt. Eine offene Wiese oder eine Matschkoppel sind keine Orte, auf denen professioneller Reitunterricht erteilt werden kann. Der Platz muss so groß sein, dass in allen Gangarten sicher und bequem geritten werden kann. Je kleiner die Fläche, desto weniger Pferde dürfen in der Bahn sein.

KAPITEL 9

Die Ausrüstung des Pferdes

Der Sattel

Noch immer hält sich hartnäckig das Gerücht, ein Westernsattel passe auf jedes Pferd und werde lediglich durch eine mehr oder weniger dicke Polsterung an den Pferderücken angepasst. Dies gilt, und auch dann nur begrenzt, für qualitativ hochwertige Sättel. Ein anatomisch richtig geformter Baum passt auf nahezu alle Pferde mit einem normalen, der Optimalform ähnlichen Rücken. Man muss hierbei jedoch bedenken, dass die Sattelhersteller vom optimalen Rücken eines Quarter Horses ausgehen.

Hat man ein Pferd, dessen Rücken stark von dieser Norm abweicht, z.B. einen Warmblüter oder ein kugelrundes Pony, so muss man sich auf eine lange, sorgfältige Suche nach dem passenden Sattel einrichten. Kleine Abweichungen von der normalen Passform, die allein schon durch jahreszeitlich bedingten, wechselnden Fütterungs- und Trainingszustand auftreten können, kann man durch verschiedene Satteluntertagen durchaus ausgleichen.

Richtig ist jedoch, dass auch der Westernsattel sorgfältig und hinsichtlich der Passform für Pferd und Reiter ausgewählt werden muss.

Nur so lassen sich Rückenprobleme, die meist durch einen schlecht passenden Sattel hervorgerufen werden, bei Pferd und Reiter gleichermaßen verhindern.

Wichtig ist deshalb, dass der Sattel unter zwei Gesichtspunkten ausgesucht wird: Während die untere Seite, die Auflagefläche, dem Pferd passen muss, sollte die obere Seite, die Sitzfläche, für den Reiter angenehm und dauerhaft bequem sein.

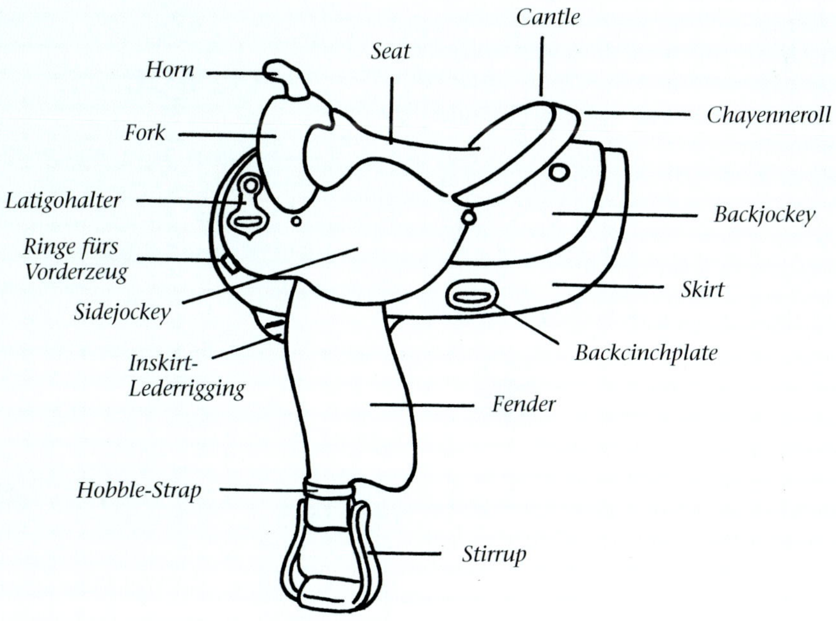

Der Sattelbaum

Die Basis jedes Sattels ist der Sattelbaum. Seine Größe bestimmt die Länge und Breite der Sitzfläche sowie die Passform für den Pferderücken. Der Baum beschreibt die Grundform des Sattels; alle übrigen Teile des Sattels sind mit ihm verbunden.

Das Vorderteil – die „Fork" (Gabel) – und der hintere Teil, das „Cantle", sind durch zwei längliche, der Form des Pferderückens angepasste „Bars" miteinander verbunden. Die „Bars" liegen rechts und links von der Wirbelsäule auf dem Pferderücken auf, die Wirbelsäule selbst bleibt frei. Die Breite von „Fork", „Cantle" und „Bars" bestimmt die Passform des Sattels. Im Großen und Ganzen gibt es drei Baumbreiten (Winkelungen): „Regular" für schmale Pferde, „Semi Quarter" für ein normal gebautes Quarter Horse und „Full Quarter" für besonders breite Pferde. Außerdem werden noch Araber-Bäume angeboten, die sich jedoch weniger über die Breite des Baumes als durch die Länge der Bars definieren. Diese sind beim Araber-Baum etwas kürzer, meist auch verbunden mit abgerundetem Skirt, dem Round Skirt. Hat man kein extrem kurzes Pferd, sollte man auf jeden Fall einen Baum mit möglichst langer Auflagefläche wählen; er verteilt das Reitergewicht besser; zu früh endende Bars drücken dem Pferd in die Lenden. Am häufigsten werden auf dem hiesigen Markt „Semi-Quarter"-Bäume angeboten.

Die „Fork", die hinter der Schulter aufliegt (sie ist von unten leicht gerundet und passt genau in die Mulde hinter dem Schulterblatt), gibt dem Sattel Halt und verhindert seitliches Rutschen, das „Cantle" begrenzt den Sattel nach hinten und dient dem Reiter als Stütze. Je höher das „Cantle" ist, desto fester und mit weniger Bewegungsfreiheit sitzt der Reiter. Während Reiter, die lange Geländetouren absolvieren, oftmals ein hohes „Cantle" schätzen, wählen Reiter, die viel Gymnastizierung und Dressurarbeit mit ihren Pferden absolvieren, flache „Cantles", da sie sich im Sattel besser bewegen können. Die Breite der Fork ergibt das Gullet, zu deutsch die Kammerweite, die Distanz, wie weit die Bars auseinander stehen. Die Winkelung der Bars bedingt außer der Auflage auf den Pferderücken (s.o.) auch noch den Sitz. Da diese Winkelung sich über die gesamte Länge des Sattels erstreckt, ergibt sich bei einer kleinen Winkelung eine schmale Sitzfläche, bei einer großen Winkelung eine breite Sitzfläche, was zur Konsequenz hat, dass breite Sättel, die auf kräftige Pferde passen, für Reiter mit schmalem Becken oft unbequem zu sitzen sind. Auch die Längswölbung der Bars ist zu beachten. Sie muss der Kurve des Pferderückens entsprechen. Sind die Bars zu stark gewölbt, liegt der Sattel nur in der Mitte auf und wippt, wenn man auf die Fork oder die Cantle drückt. Sind sie zu gerade, so liegt er in der Mitte hohl.

Die Sitzfläche

Die Sitzlänge wird in Inches gemessen und reicht je nach Hersteller von 13 – 17 oder gar 18 Inches. Eine 13-Inch-Sitzfläche reicht für ein Kind aus, für Erwachsene kommen Sättel ab ca. 15 Inch aufwärts in Frage.

Sehr kräftige Erwachsene benötigen bis zu 18 Inch, um bequem sitzen zu können. Hier ergibt sich jedoch die Problematik, dass sehr lange Sättel häufig bis auf die Kruppe des Pferdes reichen und es dort durch die gegenläufigen Bewegungen von Vorder- und Hinterhand zu Scheuerstellen im Fell kommt, was für das Pferd unangenehm ist und zu Verspannungen führen kann. Außerdem stoßen extrem lange Sättel bei starken Biegungen an die Hüfthöcker, ebenfalls unangenehm!

Die Sitzbreite wird, wie bereits erwähnt, maßgeblich durch die Winkelung des Sattelbaumes bestimmt, so dass auch hier das Problem auftreten kann, dass der Sattel dem Pferd passt, der Reiter aber unbequem, wenn nicht sogar schmerzhaft sitzt.

Hier wird deutlich, dass genaues Anpassen des Sattels sehr wichtig ist.

Meist ist jedoch auch bei unvorteilhaften Pferd-Reiter-Kombinationen ein passender Sattel zu finden, sodass auch der schmale Reiter auf einem breiten Pferd glücklich werden kann. Ist unter den „Sätteln von der Stange“ kein passendes Modell dabei, so sollte man sich von einem guten Sattler eine Maßanfertigung machen lassen.

Wie finde ich den richtigen Sattel?

Wichtig für den Reiter

Neben den schon erwähnten Gesichtspunkten hinsichtlich der Sattel- bzw. Sitzgröße spielen noch andere Entscheidungsfaktoren eine bedeutende Rolle bei der Sattelwahl:

Das Sattelhorn und die Fork sollten nicht zu hoch sein, damit sich die Zügel nicht darin verhängen können bzw. der Reiter nicht gezwungen ist, mit übermäßig hoher Hand zu reiten. Das Cantle darf, wenn man sich nach hinten lehnt, keine scharfen Kanten haben oder schmerzhaft gegen das Becken drücken. Es sollte so geformt sein, dass es in außergewöhnlichen Situationen – bei Bucklern oder im Gelände – nie zu Verletzungen kommen kann.

Reining-/Arbeitssattel:
Sehr gut geeignet für alle dressurmäßigen Disziplinen des Westernreitsports sowie das Freizeitreiten; setzt den Reiter korrekt hin.

Ropingsattel:
Stabiler Sattel für die Rancharbeit, für den dressurmäßigen Westernturniersport und die Freizeitreiterei jedoch ungeeignet, da er zu schwer ist.

Pleasure- / Showsattel:
Showsattel mit Reining / Allroundsitz, hier besonders verziert für Pleasure- bzw. Horsemanship-Klassen.

Cuttingsattel:
Spezialsattel für Cutting, sehr hohes Horn zum Festhalten, dieses ist jedoch bei der dressurmäßigen Arbeit im Wege.

Zu hohe oder schlecht geformte Cantles können hier zu unangenehmen Steißbeinverletzungen führen! Optimal für die meisten Disziplinen des Turniersports und fürs Freizeitreiten ist der Reiningsattel; er ermöglicht einen korrekten Sitz und gute Handfreiheit. Die Sitzfläche kann aus Glatt- oder Rauleder sein. Rauleder gibt besseren Halt, wohingegen Glattleder größere Bewegungsfreiheit bietet. Es ist in jedem Fall angenehm, wenn die Sitzfläche abgepolstert ist. Die Steigbügel sollten so aufgehängt sein, dass ein gerader Sitz möglich ist. Auf keinen Fall darf die Steigbügelaufhängung so weit vorne angebracht sein, dass die Beine in den Stuhlsitz gezwungen werden! Schultergelenke, Gesäßknochen und Fersen sollten problemlos eine senkrechte Linie bilden können, wobei sich die Bügelriemen bei Hilfengebung frei und ohne großen Widerstand vor und zurück bewegen lassen müssen.

Dreiwege-Ledergurtung
Bei dieser Ledergurtung wird der Zug auf eine breite Fläche des Sattels verteilt, und die Riemen tragen nicht auf, da sie nebeneinander liegen. Daher stören sie die Steigbügelbewegung und das Reiterbein nicht.

Inskirtrigging:
Sehr tief angesetzte Inskirtrigging, dadurch relativ gute Bewegungsfreiheit des Fenders. Man sollte das Gurtlatigo jedoch so lochen, dass es nur einfach durch den Gurtring läuft und dadurch nicht so aufträgt.

Optimal sind hierbei so genannte „Slider“ (Rutschleder), die zwischen Gurtung und Bügelriemen angebracht sind. Bei der Gurtung des Sattels gibt es drei Varianten:

Die „Offskirt Rigging“, bei der der Ring, durch den das Latigo gegurtet wird, auf dem Sattelleder aufliegt, die „Inskirt-Rigging“, bei der der Ring in das Sattelleder eingelassen ist und die Dreiwege-Ledergurtung, bei der das Latigo durch drei ausgestanzte, mit Rohhaut verstärkte Laschen geführt wird (siehe Fotos).

Full Double Rigging:
Diese Rigging ist sehr stabil, sie wird immer mit einem hinteren Bauchgurt geritten, der eine Handbreit lose unter dem Leib hängen soll und mit einem Verbindungsriemchen am vorderen Sattelgurt befestigt wird. Konventionelle Gurtung – gut für die tägliche Rinderarbeit, aber ungeeignet für Turnier und Freizeit.

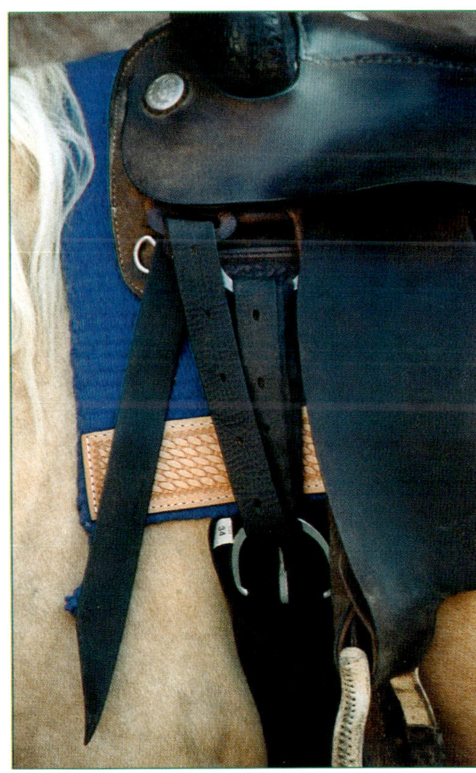

Offskirtrigging:
Bei dieser Offskirtrigging sieht man deutlich, wie der Fender durch die Gurtung und den auf dem Skirt liegenden Ring in seiner Bewegungsfreiheit gestört wird.

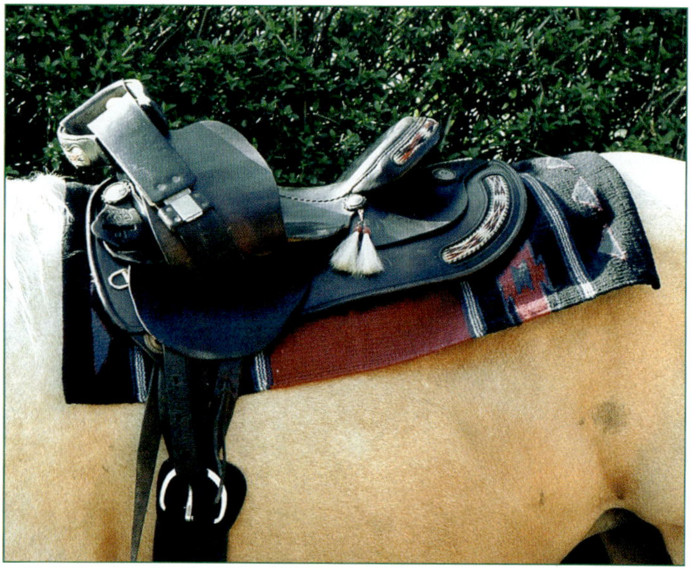

Der Slider:
Optimalerweise wird eine Dreiwege-Inskirt-Lederrigging mit einem Slider abgedeckt, so lässt sich der Fender noch bewegen, ohne irgendwo zu haken.

Letztere Variante passt sich am besten dem Pferdeleib an, da sie keine Metallteile besitzt und stört am wenigsten die Hilfengebung; sie muss allerdings sehr stabil verarbeitet sein. Bei den anderen Gurtungen ist darauf zu achten, dass sie die Bewegungsfreiheit der Steigbügelriemen nicht beeinträchtigen.

Cut-out-Sattel:
Durch den Einschnitt im Skirt unter dem Fender wird direkter Kontakt des Reiterbeins zum Pferd ermöglicht.

Wichtig für das Pferd

Bevor Sie einen Sattel in die nähere Wahl ziehen, sollten Sie die äußere Verarbeitung genau anschauen: Die Unterseite des Sattels ist mit Fell abgepolstert. In der Regel besteht dieses Fell aus Kunstfaser oder – besonders bei hochwertigen Sätteln – aus reiner Wolle. Tasten Sie das Fell gewissenhaft ab: Es dürfen nirgends Schrauben oder gar Nägel zu fühlen sein, die sich durchdrücken können. Das Leder des Sattels sollte von guter Qualität sein. Kaufen Sie nach Möglichkeit keinen lackierten Sattel. Er bietet nur den scheinbaren Vorteil, dass er beim Ölen nicht nachdunkelt. Da er das Öl nicht annimmt, lässt er sich nicht geschmeidig halten und das Leder wird trocken und spröde. Blättert der Lack dann irgendwann ab, ist es mit der Schönheit schnell vorbei. Nehmen Sie bei naturfarbenen Sätteln lieber die Farbveränderung, die durchs Ölen entsteht, in Kauf – Leder ist nun einmal ein Naturprodukt. Und das ist auch der besondere Reiz, dass sich das Leder im Laufe der Zeit verändert und der Sattel benutzt aussieht. Bei dunklen Sätteln sollte die Farbe durch intensives Ölen bzw. Durchfärbung des Leders entstanden sein, keinesfalls durch Lackierung. Übrigens: Auch bereits dunkel geölte Sättel werden mit der Zeit noch dunkler.

Der wichtigste Gesichtspunkt der Sattelwahl ist die Passform auf dem Pferderücken, die maßgeblich durch die Länge, Breite und Form der Bars bestimmt wird. Sie sollen sich der Rückenlinie möglichst genau anpassen. Der Sattelbaum kann aus verschiedenen Materialien gefertigt sein. Leichtere Sättel sind auf Kunststoffbäumen gefertigt, wobei es hier große Qualitätsunterschiede gibt. Von Billigplastik bis zum Raumfahrt-erprobten Glasfiberbaum ist alles erhältlich. Minderwertige Kunststoffe können bei Minusgraden sehr spröde werden, so dass bei stärkeren Stößen die Gefahr besteht, dass sie auseinander brechen. Hochwertige Kunststoffbäume, die einen erheblichen Gewichtsvorteil gegenüber Holzbäumen bringen, liegen preislich nicht unter den Sätteln, die einen guten Holzbaum haben.

Holzbäume haben den Vorteil, dass sie absolut witterungsbeständig und – bei guter Verarbeitung – bruchfest sind. Gute Bäume sind in mehreren Schichten aufgebaut und verleimt und mit Rohhaut überzogen.

Billigmodelle haben häufig Bäume aus Pressspan-ähnlichem Material, das mit dünner Rohhaut oder Fiberglas überzogen ist. Bei diesen Modellen lösen sich schnell Schrauben und Nägel sowie Leder.

Der Satteltest

Folgende Methode hat sich hierbei bewährt: Legen Sie den Sattel ohne Pad auf's Pferd. Er darf nun bei abwechselndem Druck auf Horn und Cantle nicht schaukeln; das ist ein Zeichen für zu stark gerundete Bars (Schaukelstuhleffekt) und der Sattel würde in der Mitte der Sattellage zu stark aufliegen. Liegen andererseits Vorder- und Hinterkante fest auf dem Pferd und man kann auf Höhe der Fender die Hand von unten unter den Sattel schieben, so liegt er hohl. Achten Sie darauf, dass der Sattel im vorderen Bereich nicht auf den Widerrist drückt und im hinteren Bereich nicht auf der Lende liegt. Oft wird behauptet, dass zwischen Widerrist und Fork eine Handbreit Platz sein muss.

Dieses Maß ist falsch.

Je tiefer der Sattel absinkt, desto besser wird das Gewicht über die Bars auf den Rücken verteilt. Der Sattel soll nicht ausschließlich oben auf dem Pferd aufliegen, sondern es umschließen. Wichtig ist, dass der Sattel mit Reitergewicht nicht auf dem

Widerrist aufliegt, wobei 2 – 3 cm „Luft“ zur Fork genügen. Zu viel Zwischenraum zwischen Widerrist und Fork deutet auf einen zu schmalen Baum hin, was bedeutet, dass das Pferd in der Schulter eingeengt wird. Greifen Sie von vorne mit Daumen und Zeigefinger von beiden Seiten in die Kammer des Sattels an den Widerrist: Ihre Finger müssen bequem Platz haben, auch wenn das Pferd den Hals biegt.

Spüren Sie Druck, dann ist die Fork zu eng.

Fahren Sie außerdem mit der flachen Hand unter die Vorderkante der Skirts: hier darf kein Druck aufs Schulterblatt zu spüren sein, Ihre Hand muss sich frei bewegen können, dann kann es die Schulter Ihres Pferdes auch. Überprüfen Sie dies auch, wenn das Pferd mit gesenktem oder gehobenem Kopf steht. Dann legen Sie ein normales Pad unter und überprüfen nochmals alle Kriterien. Danach gurten Sie an. Dabei darf der Sattel an der hintere Kante leicht hoch kommen, was normal ist, da er Zug des Gurtes im vorderen Bereich des Sattels ansetzt und ihn dort ins weiche Pad zieht. Das Reitergewicht gleicht das später aus.

Erfüllt der Sattel diese Kriterien, dann reiten Sie das Pferd, bis es geschwitzt hat und unter der Sattellage nass ist. Wenn Sie den Sattel abnehmen und die Unterseite des Pads und den Rücken untersuchen, dürfen in dem Bereich, wo die Bars auflagen, keine trockenen Stellen zu sehen sein. Weist das Pad bzw. der Rücken, meist im Bereich der Fork, trockene Stellen auf, so drücken die Bars in diesem Bereich so stark, dass die Haut hier keinen Schweiß mehr absondern kann und trockene Stellen entstehen.

Ist der Druck – wie gewünscht – gleichmäßig auf die gesamte Sattellage verteilt, so ist das Pad gleichmäßig durchgeschwitzt. Ein so getesteter Sattel passt, solange das Pferd nicht übermäßig zu- oder abnimmt.

Für einen guten Sattel mittlerer Preislage muss man ab 2000,– Euro investieren. Für diesen Preis bekommen Sie ein qualitativ hochwertiges Stück, an dem Sie lange Zeit Freude haben werden.

Lassen Sie sich nicht von übermäßiger Verzierung, die zwar teuer, aber für den Alltagsgebrauch unnötig ist, beeindrucken. Ein schlichter Sattel, der die o.g. Kriterien erfüllt, leistet die besseren Dienste.

Hüten Sie sich vor Billigangeboten unter 1000,– Euro. Diese Importe aus Mexiko oder Südostasien sind meist von so schlechter Qualität, dass sie weder Ihnen noch Ihrem Pferd einen Gefallen damit tun.

Der Sattelgurt

Bauchgurte werden in den unterschiedlichsten Qualitäten und Materialien angeboten. Auch hier gilt: Gute Qualität hat ihren Preis. Wichtig ist, dass der Gurt auch bei längerem Reiten – insbesondere wenn das Pferd schwitzt – nicht scheuert. Zu breite Gurte drücken oft, gerade bei Pferden mit schmaler Gurtlage, oder rutschen durch die Bewegung der Vorderbeine zu weit nach hinten. Das gilt auch für übermäßig dicke, gepolsterte Gurte.

Hier die gängigsten Modelle:

■ **Kodelgurt:** Gut und meist noch günstiger als der Filzgurt, lässt sich in der Waschmaschine waschen, muss allerdings oft gewaschen werden, da er schnell verklebt und dann klumpt.

■ **Filzgurt:** Gut und nicht teuer, lässt sich trocken leicht ausbürsten, trocknet im Winter jedoch sehr schlecht, es sei denn, er hängt in einem geheizten Raum.

■ **Neoprengurt:** Sehr pflegeleicht, da abwaschbar, deshalb ideal, wenn man ihn für

Von links nach rechts: Kodelgurt, Filzgurt, Neoprengurt bunt, Ledergurt, Neoprengurt

mehrere Pferde benutzen möchte. Er ist jedoch sehr lichtempfindlich und wird dadurch schnell spröde. Empfindliche Pferde können mit offenen Stellen auf das Neopren reagieren.

■ **Ledergurt:** Sehr pflegeintensiv und teuer, meist auch zu schmal geschnitten, wird durch Schweiß schnell brüchig.

■ **Strippengurt:** Unbrauchbar, die Metallschnallen sind nicht unterlegt und verursachen schnell Scheuerstellen.

Das Pad

Das Pad, die Sattelunterlage, dient der Polsterung zwischen Pferderücken und Sattel. Auch hier bietet der Markt eine große Vielfalt an: Vom einfachen Kodel-Pad (Kunstfell) bis zum aufwendig, mit Einlagen gepolsterten Wollpad ist alles zu haben. Bei der Wahl spielt neben dem individuellen Geschmack die Rückenbeschaffenheit des Pferdes eine wichtige Rolle. Kleine Gebäudefehler können mit einem entsprechenden Pad ausgeglichen werden, z.B. eingefallene Stellen hinter dem Schulterblatt oder eine extrem schmale Schulter. Hier werden Pads angeboten, die in diesem Bereich ausgepolstert sind.

Vorsicht ist bei im Widerristbereich ausgeschnittenen Pads angesagt: Bei schlecht verarbeiteten Pads rutscht das Filz mit der Zeit nach unten und es entsteht eine Kante, die am Widerrist einschneidet.

Das Kopfstück

Für die tägliche Arbeit sind Kopfstücke aus robustem Harnessleder oder gut verarbeitetem Latigoleder zu empfehlen.

Kopfstücke mit Stirnband und Kehlriemen eignen sich besonders zur Arbeit mit Trensengebissen, da sie rutschsicher anliegen. Benutzt man Stangengebisse, kann man auch Einohr- oder Zweiohr-Kopfstücke verwenden; bei Pferden, die zum Kopfschütteln neigen, empfehlen sich jedoch Modelle mit Kehlriemen, da diese nicht „abgestreift“ werden können. Verzierungen aus Rohhaut oder Pferdehaar sind zwar im Turniersport schön anzusehen, für den täglichen Gebrauch aber zu empfindlich.

Wer allerdings auf Turniere gehen möchte, sollte sich neben dem Arbeitszaum noch eine „Showgarnitur“ anschaffen, die farblich auf Sattel und Pad abgestimmt ist.

Dies ist zwar nicht vorgeschrieben, dient aber dazu, ein möglichst gepflegtes Bild abzugeben. Und Richter sind ja auch nur Menschen

Die Zügel

Für die Zügel gilt das Gleiche wie für das Kopfstück. Für die tägliche Arbeit haben sich Harnesszügel bewährt. Sie sollten 1 – 1 1/2 cm breit sein und abgerundete Kanten haben, damit sie gut in der Hand liegen. Die Zügel sollten durch Laschen mit Lederbändern am Gebiss befestigt sein. Geschraubte Verbindungen können sich in der Bewegung lösen!

Die Gebisse

Das wichtigste Gebiss, das sowohl während der Ausbildung des Pferdes als auch zur späteren Korrektur zum Einsatz kommt, ist das Snaffle-Bit. Es entspricht in der Wirkung der hier bekannten Wassertrense, wobei es jedoch dünner ist, um das Pferd im Maul sensibler zu halten. Empfehlenswert sind so genannte D-Ring-Snaffles, deren Ringe von der Seite wie ein angedeutetes „D“ aussehen. Der D-Ring verhindert, dass das Gebiss durch das Pferdemaul gezogen werden kann. Auch der Übergang zwischen Mundstück und Gebiss ist hier weicher, die Verletzungsgefahr dadurch geringer. Idealerweise ist das Mundstück aus rostendem Eisen: Aufgrund des leicht süßlichen Geschmackes wird es von Pferden gerne angenommen.

Das Snaffle-Bit kommt überall zum Einsatz und ist bei sachgemäßem Gebrauch das schonendste Gebiss. Es eignet sich zur Umstellung nicht-westerngerittener Pferde ebenso wie zur Gymnastizierung älterer Westernpferde und zum Anreiten junger Pferde. In der Regel wird das Snaffle-Bit mit tiefer, beidhändiger Zügelführung geritten. Die Zügel bilden zwischen den recht weit auseinander stehenden Händen eine Zügelbrücke (siehe Seite 75). Der höchste Punkt ist der Beckenknochen des Reiters. Je weiter die Ausbildung des Pferdes fortschreitet, desto mehr wandern die Hände zusammen. Schließlich geht man dann auf die einhändige Reitweise über, wechselt jedoch erst zum Stangengebiss, wenn das Pferd einwandfrei im Snaffle geht.

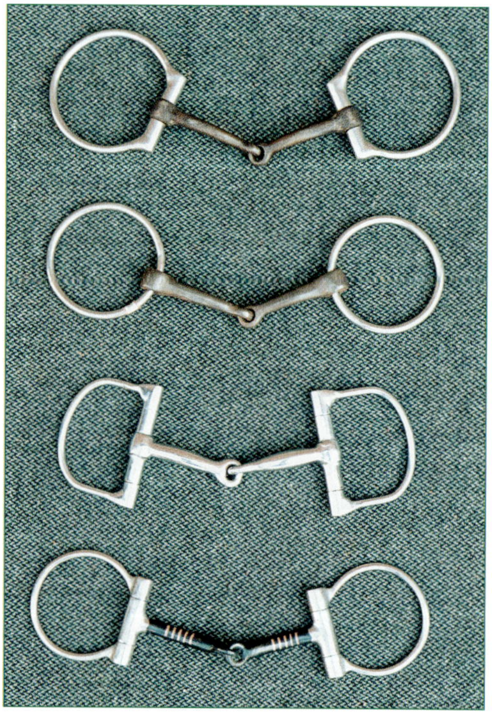

Von oben: D-Ringsnaffle mit Eisenmundstück (sehr empfehlenswert), einfaches Snaffle mit Kupfermundstück, Racing-D-Bit, vernickelt (ungeeignet), Sweetiron Snaffle mit Kupfereinlage (gut).

Stangengebisse – Shank-Bits

Da es in diesem Buch um die Grundausbildung von Pferd und Reiter geht, werden hier die Stangengebisse nur kurz der Vollständigkeit halber erwähnt. Sie gehören jedoch in die Hände erfahrener Reiter und erfordern vom Pferd einen bestimmten Ausbildungsstand.

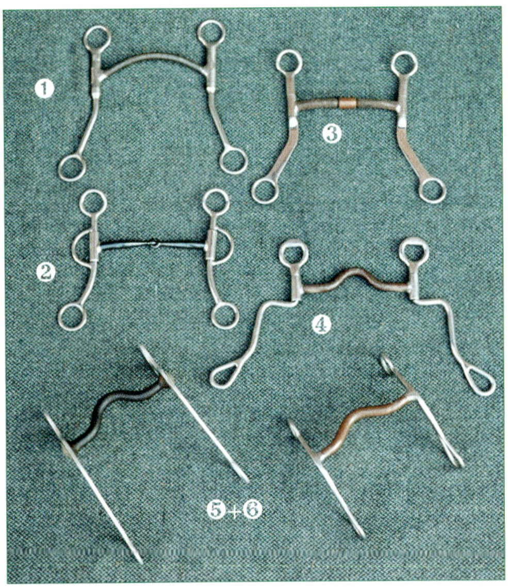

Gebräuchliche Shankbits mit leichter Zungenfreiheit und milderer Wirkungsweise:

❶ *Mullenmouthbit mit Loose Shanks (beweglichen Anzügen).*

❷ *Snaffle Shanks (ein beliebtes Umstellungsgebiss).*

❸ *Snaffle Shanks mit Röllchen, auch Billy Allen Bit (die mildere Variante der Nr. 2, da keine „Nussknackerwirkung" wie beim Snaffle möglich).*

❹ *7-Shankbit mit kleiner Zungenfreiheit – loose Shanks in Form einer „7" nach hinten gebogen, für Pferde, die die Unart haben, sich die Shanks ins Maul zu ziehen.*

❺+❻ *Bits (Kandaren) mit starren Anzügen, ausschließlich zur einhändigen Zügelführung. Ein Gebiss für das fertig ausgebildete Pferd.*

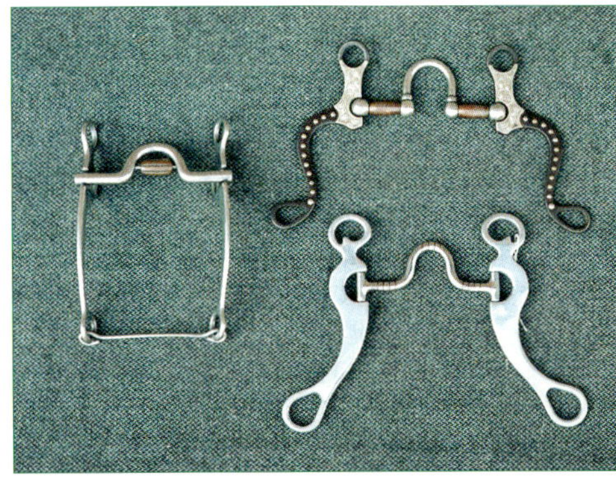

Korrekturgebisse, die in der Hand eines ungeübten Reiters nichts zu suchen haben.

Gebisslose Zäumung

Das Sidepull wird dem Anfänger häufig in den ersten Reitstunden in die Hand gegeben, damit er das Pferd durch seine noch unkontrollierte Lenkung nicht im Maul reißen kann.

Das Sidepull ist ein Halfter-ähnliches Kopfstück mit einem verstärkten Nasenriemen, an dem die Zügel befestigt sind. Mit direkter Zügelführung ist die Hilfengebung zwar ähnlich wie beim Snaffle Bit, jedoch wird das Pferd nicht über die Zügeleinwirkung im Maul, sondern auf dem Nasenbein gelenkt.

Sidepull

Boscal und Mecate

Das Bosal erfordert eine völlig andere Arbeitsweise und ist eine Umstellungszäumung, die in die Hände eines Profi-Trainers gehört.

Sie wird traditionell bei im Zahnwechsel befindlichen Pferden als Übergang vom Snaffle Bit zur Stangenzäumung (Bit) benutzt.

Die mechanische Hackamore ist keine Westernzäumung.

Gamaschen

Beim dressurmäßigen Reiten in der Bahn, bei dem das Pferd durch Seitengänge, Wendungen und Rückwärtsrichten gymnastiziert wird, ist es ratsam, die Vorderbeine mit Gamaschen zu schützen, besonders wenn das Pferd beschlagen ist.

Einfache Neoprengamaschen, die Röhrbein und Fesselkopf schützen, sind preiswert und erfüllen ihren Zweck vollkommen. Die wesentlich teureren Gamaschen mit dem Unterstützungsband unter der Fessel, die mit dem Westernsport aufgekommen sind, haben einen Nachteil, Neopren wird mit der Zeit hart, besonders wenn es häufig gewaschen wird und in der Sonne trocknet. Setzt sich zudem noch Sand zwischen Pferdebein und Gamaschen, scheuert sich die Haut – besonders in der empfindlichen Fesselbeuge, wo diese Gamaschen straff anliegen – schnell wund.

Bei Pferden, die sich beim Überkreuzen der Beine oder mit den Hinterbeinen in die Ballen der Vorderbeine treten, sind Hufglocken sehr zu empfehlen. Da Neopren sich leicht mit Wasser vollsaugt und dann sehr schwer wird und zudem auch hier wiederum Scheuerstellen durch Sandkörner entstehen können, sollten Sie Sprungglocken aus Gummi oder gepolstertem Kunststoff den Vorzug geben.

So genannte „Skidboots" für die Hinterbeine sollten nur angelegt werden, wenn Sliding Stops geübt werden, da sie aufgrund ihrer Lage am Bein und ihrer Befestigung besonders schnell zu wunden Stellen führen. Selbst zum Warmreiten sollte man sie nicht benutzen!

(v.ll.n.re.): Neoprengamasche mit Unterstützungsband, einfache Gamsche, die lediglich das Röhrbein und den Fesselkopf schützt (Splintboots), Skidboots für die Hinterbeine zum Schützen der Fessel beim Stop, Glocken, bzw. Bellboots zum Schutz von Ballen und Kronrand

Hier sieht man die gut geschützten Vorderbeine eines Reiningpferdes. Für die Reining sind Glocken bzw. Bellboots besonders wichtig, da beim Stopp die Gefahr besteht, dass das Pferd mit den Hinterfüßen in die Ballen der Vorderfüße rutscht, oder sich beim Spin mit einem Vorderhuf auf den Kronrand des anderen tritt.

Die Abschwitzdecke

Die Bedeutung der richtigen Abschwitzdecke wird leider allzu oft unterschätzt.

Oft bekommen wir in unserer täglichen Praxis Trainingspferde, zu deren „Ausstattung“ eine dünne Baumwoll- oder Frotteedecke gehört. Decken aus diesen Materialien sind zum Abschwitzen völlig ungeeignet.

Das Pferd wird darunter kalt, glatte Baumwolldecken nehmen kaum Feuchtigkeit auf, Frotteedecken werden selbst nass.

Eine gute Abschwitzdecke befördert die Feuchtigkeit nach außen, ohne selbst nass zu werden. Sehr gut geeignet sind Decken aus modernen Fleece-Stoffen, aber auch leichte Schurwolldecken. Die Abschwitzdecke bleibt maximal 15 – 20 Minuten auf dem Pferd; danach steht bei guten Decken die Feuchtigkeit wie Tau auf einer Wiese auf der vom Pferd abgewandten Seite.

Sollte das Pferd dann noch nicht trocken sein, wird es mit einer frischen Decke abgedeckt. Während des Abschwitzens ist es ratsam, das Pferd anzubinden: Wenn es unangebunden in der Box steht, wird es sich mit großer Wahrscheinlichkeit wälzen und möglicherweise die Decke zerreißen.

Generell ist zu bemerken, dass Pferde mit dickem Winterfell keine Sportpferde sein können. Will man den ganzen Winter trainieren, so empfiehlt es sich, das Pferd ab September/Oktober einzudecken, damit es nicht so viel Fell schiebt. In einzelnen Fällen bietet sich auch eine Schur an. In beiden Fällen muss jedoch bedacht werden, dass das Pferd dadurch auf Witterungseinflüsse empfindlich reagiert und im Stall gehalten werden muss bzw. nur bedingt und mit Witterungsschutz (Outdoordecke) auf die Weide oder den Paddock kann.

Das System

Wie eingangs bereits erwähnt, ist es gerade beim Westernreiten schwierig, eine gute, fundierte Ausbildung zu erwerben.

Deshalb wird in den folgenden Kapiteln ein Programm erstellt, nach dem nicht nur Ein- und Umsteiger, sondern auch Trainer und Ausbilder vorgehen können. Jede Trainingseinheit ist so gestaltet, dass sie auf der vorhergehenden aufbaut, aber auch unabhängig von ihr geritten werden kann. Zunächst werden die grundsätzlichen Übungen, die für ein effektives Training erforderlich sind, ausführlich erläutert. Im zweiten Abschnitt werden diese dann durch weiterführende Manöver und Trainingseinheiten für die tägliche Reitpraxis ergänzt. Dieses System, das von der Basisarbeit bis zur Turnierreife des Pferdes angewendet werden kann, gibt Reitlehrern und Ausbildern von Pferden einen Leitfaden sowie Ein- und Umsteigern die Möglichkeit, neben den Unterrichtseinheiten anhand des Buches selbst zu lernen bzw. Erlerntes zu vertiefen.

Der 3jährige Charcool Sohn „Ima Cool Zippo“ in seiner ersten Western Riding Prüfung

Wichtig ist, dass alle Übungen gewissenhaft und in korrekter Manier ausgeführt werden. **Es geht nicht darum, die Aufgaben möglichst schnell oder oft hinter sich zu bringen; alles soll sauber und sorgfältig absolviert werden.** Ziel ist es, eine harmonische Körperkontrolle über das Pferd und sich selbst zu erreichen. Dies ist nur möglich, wenn langsam Schritt für Schritt vorgegangen wird, ohne Teile des Programms zu überspringen.

Regelmäßige Korrektur bzw. Hilfestellung durch einen guten Reitlehrer ist besonders wichtig, damit sich eventuelle Fehler nicht festigen und zur Gewohnheit werden. Es muss sichergestellt sein, dass alle Aufgaben und Übungen richtig verstanden und dementsprechend umgesetzt werden.

Weiterhin ist es sinnvoll, sich von Zeit zu Zeit filmen zu lassen. So erkennt man Fehler und Probleme sehr viel besser.

Führen Sie alle Übungen zunächst im Schritt aus. Erst wenn alles fehlerfrei klappt, können Sie zum Trab übergehen. Das Gleiche gilt für die Galopparbeit. Haben Sie in einer Gangart Schwierigkeiten, gehen Sie zurück in die nächstniedrige. Oftmals sind Verspannungen Auslöser einer „Blockade" und können im Schritt gelöst werden.

Pferde haben – wie menschliche Rechts- und Linkshänder – eine gute Seite, auf der ihnen die Übungen leicht fallen, und eine schlechte Seite, auf der sie steif sind und oftmals Probleme beim Training haben. Es ist ratsam, bei der Gymnastizierung mit der guten Seite zu beginnen; danach absolviert das Pferd meist die Übungen auf der steifen Seite lockerer und entspannter.

Um die Lektionen sinnvoll in allen drei Gangarten ausführen zu können, benötigen wir zumindest zu Beginn des Trainings eine genügend große Reitbahn. Viele Übungen lassen sich später, wenn sie bereits gefestigt sind, auch im Gelände ausführen. Je größer eine Reitbahn ist, desto besser kann man mit dem Pferd in allen Gangarten arbeiten. Trainingsställe, die auf die Ausbildung von Reiningpferden spezialisiert sind, haben Außenreitplätze von ca. 30 x 60 m oder gar 50 x 100 m. Steht Ihnen eine solche Fläche zur Verfügung, nutzen Sie diese!

Da beim Westernreiten häufig auf Zirkeln geritten wird, muss eine gewisse Größe gewährleistet sein. Die meisten konventionellen Reitbahnen sind mit ca. 20 x 40 m auch groß genug. Große Zirkel haben hier einen Durchmesser von ca. 18 m, mittlere können mit 10 – 12 m und kleine Volten mit 4 – 6 m Durchmesser geritten werden. Für fortgeschrittene Lektionen der Reining und der Western Riding ist jedoch eine Bahngröße von mind. 25 x 50 m nötig – besser noch größer.

Die Grundgangarten

Um Übungen in allen drei Gangarten – Schritt, Trab und Galopp – korrekt ausführen zu können, muss man in der Lage sein, den Bewegungsablauf der einzelnen Gangarten nachzuvollziehen.

Beginnen wir mit der Schrittlänge, die maßgeblich für die Aufteilung des Raumes ist. Die Schrittlänge definiert die Entfernung, die das Pferd zurücklegt, wenn es jedes Bein einmal bewegt hat, also einen Schritt gemacht hat.

Bei einem mittelgroßen Pferd beträgt die Schrittlänge in der Gangart Schritt 1 – 1,2 m, im Trab 1,8 – 2,1 m und im Arbeitsgalopp um die 2 m!

Der Bewegungsablauf

Der Schritt

Der Schritt ist eine Viertakt-Gangart ohne Schwebephase, d.h. es bleiben immer mindestens zwei Beine am Boden. Durch die Zweibeinstütze verbunden mit der Streckung beim Vorgehen entsteht eine für den Reiter deutlich spürbare Seitwärts- oder Schaukelbewegung.

Beim Auffußen des Pferdes am Boden sollen je Schritt vier gleichmäßig rhythmische Schläge vernehmbar sein.

Der Schritt besteht aus acht Phasen (jedes Bein hat einmal ab- und aufgefußt). Die Beine bewegen sich dabei in dieser Reihenfolge:

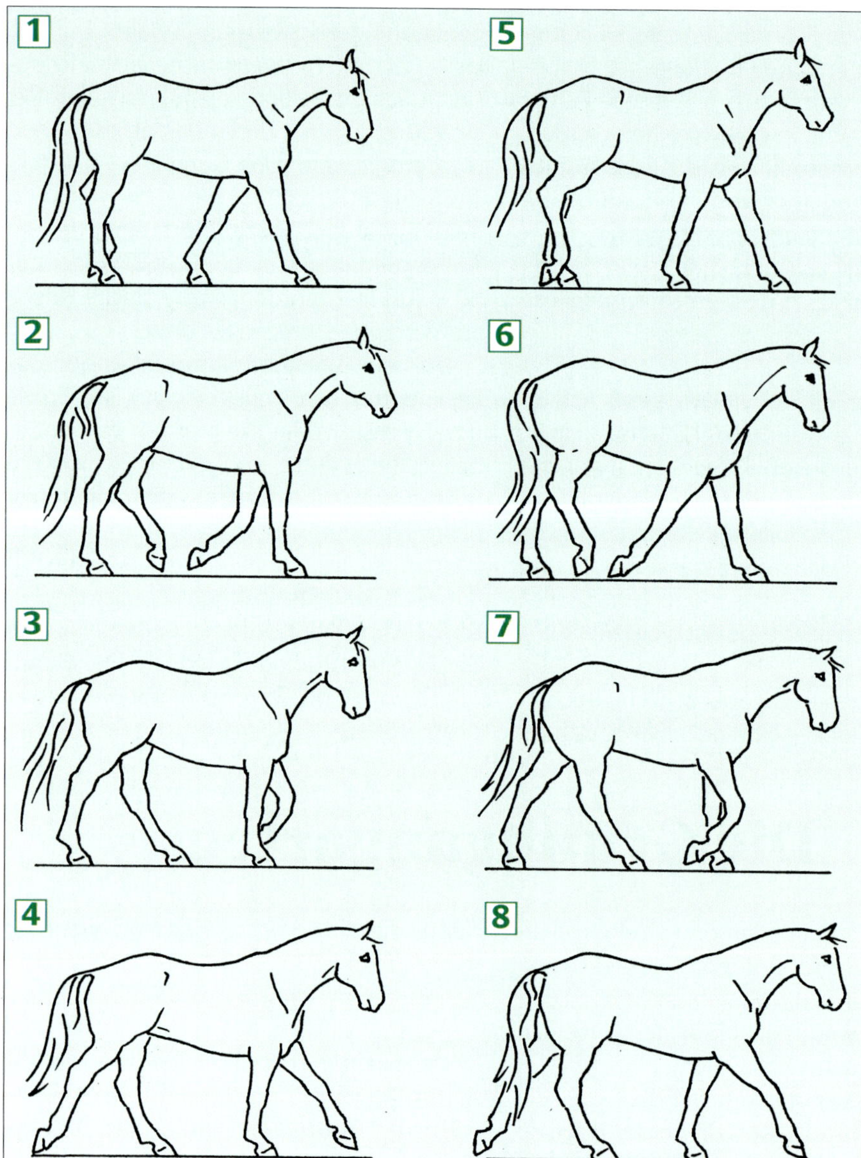

Der Trab

Der Trab ist eine schwingende Zweitakt-Gangart in vier Phasen, wobei sich ein diagonales Beinpaar gleichzeitig vorbewegt.

Noch bevor dieses Beinpaar auf dem Boden auffußt, hebt das andere Beinpaar vom Boden ab. Dadurch entsteht eine Schwebephase, in der sich kein Bein am Boden befindet.

Der Bewegungsablauf ist demnach wie folgt:

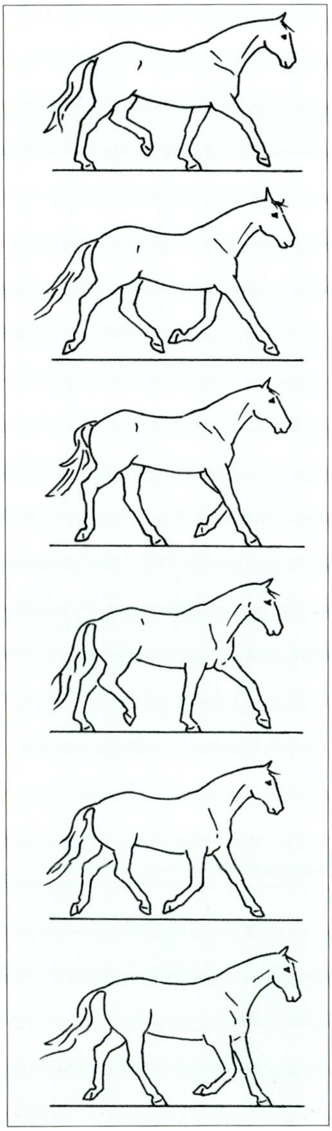

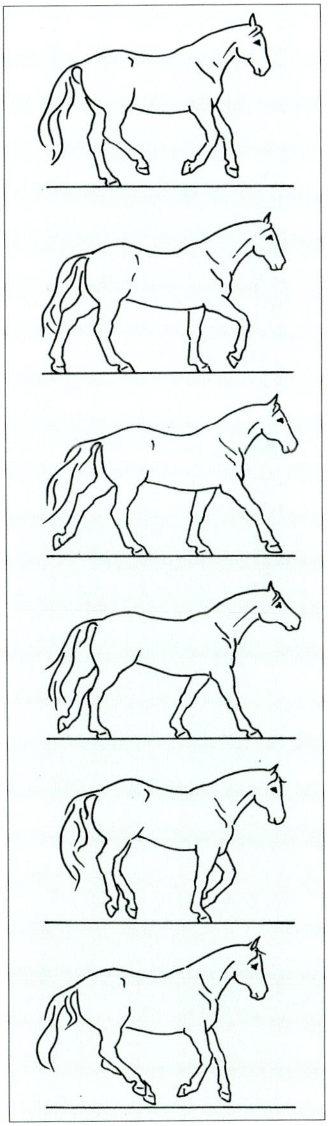

Der Galopp

Der Galopp ist eine gesprungene, schwungvolle Bewegung im Dreitakt, in der sich das Pferd zwischen zwei Sprüngen in einer Schwebephase befindet.
Der Bewegungsablauf erfolgt in sechs Phasen:
Je nachdem, welches laterale (gleichseitige) Beinpaar stärker nach vorne ausholt, unterscheidet man zwischen Links- oder Rechtsgalopp: Im Linksgalopp greift das lateral linke Beinpaar, im Rechtsgalopp das lateral rechte weiter vor.

Das Rückwärtsrichten

Das Rückwärtsrichten ist ein wichtiger Bestandteil der Westerndressur. Anders als in der klassischen Reitweise, wo jeweils nur drei Schritte langsam rückwärts gerichtet wird, ist beim Westernreiten das Rückwärtsrichten ein Manöver, das zum alltäglichen Trainingsablauf gehört. Dementsprechend handelt es sich um einen geregelten Bewegungsablauf; es ist praktisch die **„vierte Gangart“** jedes westerngerittenen Pferdes.

Das flüssige Rückwärtsrichten zeichnet sich durch eine diagonale Beinbewegung im Zweitakt aus. Die Beinbewegung ist also wie im Trab, jedoch ohne Schwebephase, d.h. das sich bewegende diagonale Beinpaar erreicht dann den Boden, wenn das andere Beinpaar den Boden verlässt.

Tipp:

Werden in einer Prüfung zum Beispiel vier Tritte, in einer anderen vier Schritte Rückwärtsrichten verlangt, so muss man aufpassen, es ist nicht dasselbe! Am besten guckt man auf die Vorderbeine:
ein Schritt = die je einmalige Bewegung beider Vorderbeine
ein Tritt = die einmalige Bewegung eines Vorderbeines

Konzentrierte Arbeit: Die ganze Aufmerksamkeit des Pferdes ist auf die Hilfen des Reiters gerichtet. Hier George Maschalani mit dem QuarterHorse-Hengst „Col Awesom Socks“

Die Bodenarbeit

Die Bodenarbeit sollte als Grundlage angesehen werden, die jedes Pferd – gleichgültig welchen Alters oder Ausbildungsstandes – beherrschen bzw. erlernen muss, bevor Sie in den Sattel steigen.

Beginnen Sie also mit Ihrem altgedienten oder neu erworbenen Pferd mit der ersten Lektion, dem Longieren.

Besonders, wenn Sie Ihr Pferd und dessen Reaktionen noch nicht genau einschätzen können, kann die Bodenarbeit Unfälle vermeiden und ein solides Vertrauensverhältnis zwischen Ihnen und Ihrem Pferd schaffen.

Besonders bei Pferden, die viel Zeit in der Box verbringen müssen, ist das Longieren auch später noch vor den Reitlektionen eine gute Gelegenheit zum Lockern und Warmwerden.

Die Bodenarbeit bereitet das Pferd gut auf alle weiterführenden Lektionen unter dem Sattel vor. Sie gewöhnt das junge Pferd an Kommandos (Stimmhilfen), lehrt, dem Gebiss nachzugeben und macht vertraut mit dem Ausbilder. Für ältere Pferde ist es eine gute Möglichkeit des Aufwärmens und Lösens ohne Reitergewicht.

Das Longieren

Lektion 1

Auch für den Longierplatz gilt: Er muss eben und sicher eingezäunt mit rutschfestem, abfedernden Untergrund sein. Eine nasse Wiese ist denkbar ungeeignet. Ideal aufgrund seiner Form ist ein geschlossener „Roundpen“, der auf jeden Fall so hoch eingezäunt sein sollte, dass das Pferd nicht auf die Idee kommt, herauszuspringen. Der Durchmesser des Roundpens misst idealerweise 15 – 17 m, der Zaun sollte mindestens 1,5 m hoch sein.

Um Verletzungen auszuschließen, ist die räumliche Begrenzung wichtig, da besonders junge Pferde sich losreißen oder auch einmal die Longierleine zwischen die Beine bekommen könnten.

Die erste Lektion beinhaltet das einfache Longieren mit Trensenzaum ohne ausbindende Zügel. Dabei wird die Longe jedoch keinesfalls direkt in die Trensenringe eingehängt, sondern wie folgt verschnallt:

Die Longe wird zwischen Kinn und Kinnriemen hindurch, dann unmittelbar hinter den Ohren um das Genick gelegt (Foto) und auf der anderen Seite des Kopfes zurück unter die Ganaschen geführt. Der Haken der Longe wird dort in einen an der Longe befestigten Ring eingehängt (man kann hier auch eine Schlaufe in die Longe knoten). Ähnlich wie bei einem Hundehalsband kann sich so die Longe nicht festziehen.

Diese Art der Verschnallung hat folgende Vorteile:

Zieht das Pferd beim Longieren nach außen (gegen Sie), wird das Gebiss nicht durchs Pferdemaul gezogen, sondern der Druck verteilt sich auf das Gebiss und seitlich über das Genick, ähnlich wie beim Longieren am Halfter, jedoch mit leichter Einwirkung des Gebisses. Das Pferd gewöhnt sich auf diese Weise langsam an den Druck im Maul. Der leichte Druck, besonders auf den äußeren Maulwinkel, fördert das Nachgeben und bereitet das Pferd auf die Biegung vor. Wenn das Pferd sich mit dem Kopf zur Mitte stellt und rückwärts ausbrechen will, sind Sie in der Lage, auf das Genick des Pferdes „bremsend“ einwirken zu können.

Außerdem ist diese Methode beim „Handwechsel“ des Pferdes von einer in die andere Laufrichtung sehr sinnvoll: Sie brauchen das Pferd nur zu sich hinzudrehen und führen oder dirigieren es zur anderen Seite, ohne die Longe umschnallen zu müssen.

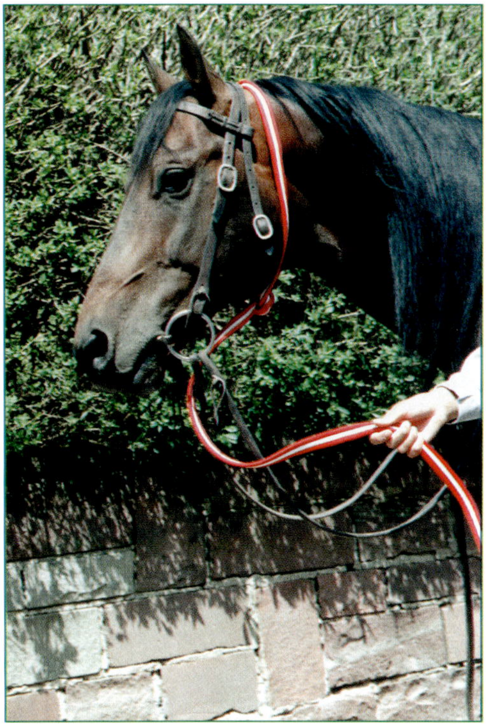

Longe um den Hals

Um Ihr Pferd an diese Methode zu gewöhnen – auch viele ältere Pferde kennen das Longieren nur am Halfter oder über direkte Verschnallung an der Trense – arbeiten Sie ca. 2 – 6 Tage je 10 – 20 Minuten.

Dabei wird das Pferd in allen drei Gangarten und in beiden Richtungen gearbeitet. Beginnen Sie im Schritt und gehen Sie erst zum Trab über, wenn das Pferd im Schritt ohne Probleme vorwärts geht. Geht es im Trab locker und entspannt, können Sie mit Galopparbeit fortfahren.

Um das Pferd in die nächsthöhere oder -niedrigere Gangart zu dirigieren, werden einfache Stimmkommandos verwendet, die immer im selben Zusammenhang gebraucht werden müssen, damit das Pferd sich diese Kommandos einprägt. Anfangs werden diese mit deutlicher Körpersprache unterstützt, die dann allmählich während des Lernprozesses minimiert wird, bis das Pferd ausschließlich auf die Stimmkommandos reagiert.

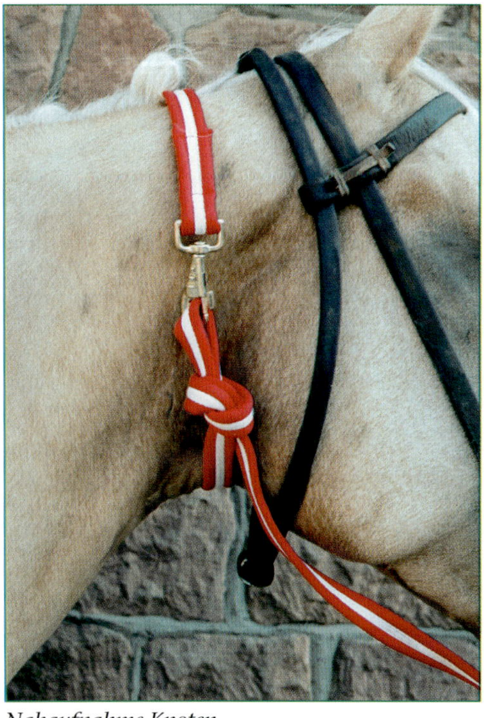

Nahaufnahme Knoten

Antreten im Schritt:
Arm heben, eventuell mit Peitsche als „verlängertem" Arm, einen Schritt auf die Hinterhand des Pferdes zugehen und schnalzen.

Antraben:
Ebenso wie im Schritt verfahren, gegebenenfalls etwas intensiver; wenn das Pferd schlecht reagiert, leicht mit der Peitsche touchieren, damit es diesen „verlängerten Arm" respektiert.

Angaloppieren:
Wie beim Antraben, jedoch mit stimmlicher Unterscheidung: Statt „Schnalzen" „Küsschen geben". Diese Unterscheidung ist sehr wichtig, damit das Pferd später aus dem Schritt sowohl antrabt (bei „Schnalzen") als auch angaloppiert (bei „Küsschen").

Um das Tempo zu verlangsamen, geben wir ein lang gezogenes, ruhiges Stimmkommando, wie z.B. „easy“ und machen ein bis zwei Schritte auf das Pferd zu, diesmal in Richtung Kopf, sodass wir für das Pferd optisch nach vorne eine Begrenzung darstellen.

Das Kommando „whoa“ oder „halt“ verwenden wir nur, wenn das Pferd auch tatsächlich anhalten soll. Haben wir dieses Kommando gegeben, so müssen wir es auch unbedingt durchsetzen! Das Pferd muss unmissverständlich lernen, dass „whoa“ Anhalten heißt. Um ihm dies beizubringen, machen wir einige rasche Schritte auf den Hufschlag zu – vor das Pferd – und in Verbindung mit dem Wort „whoa“ blockieren wir so den Weg. Dabei ist es wichtig, nicht hektisch zu agieren, sondern konsequent und bestimmt. Anfangs ist es sinnvoll, das Anhalten erst zu verlangen, wenn die anfängliche „Lauflust“ des Pferdes vorbei ist, und Sie das Gefühl haben, es würde gerne anhalten. Wann immer Probleme auftreten, gehen Sie erneut zum Trab oder gar zum Schritt zurück, bis das Pferd wieder einwandfrei und entspannt läuft. Wenn das Pferd in allen drei Gangarten korrekt arbeitet und den Kopf beim Laufen annähernd in der Senkrechten trägt, können Sie zur nächsten Lektion übergehen. Sollte Ihr Pferd das Longieren noch gar nicht kennen, so nehmen Sie sich einen Helfer, der das Pferd anfangs führt und später, eventuell mit Hilfe einer Peitsche, treibend von schräg hinten einwirkt. Dabei wird der Abstand zum Pferd kontinuierlich erhöht, bis der Helfer schließlich neben Ihnen im Mittelpunkt steht.

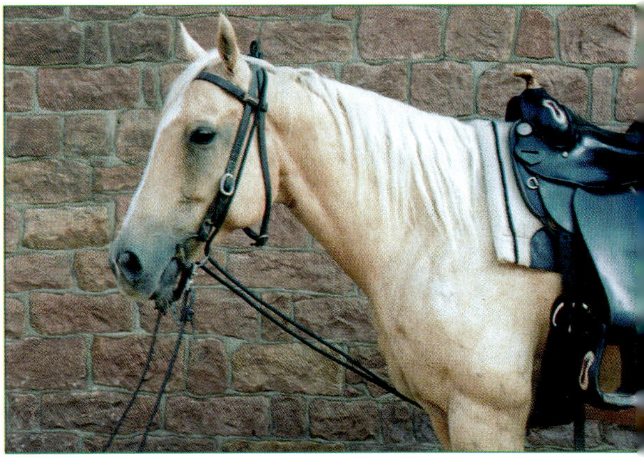

Halsverlängerer, lang verschnallt

Halsverlängerer, kurz verschnallt

Lektion 2
Longieren mit dem Gummi-Halsverlängerer und Longiergurt.

Unser Pferd beherrscht nun die erste Lektion und ist mit dem Druck der Longe aufs Genick vertraut.

Nun wird es außerdem langsam an den beidseitigen Druck des Gebisses im Maul und das damit verbundene Nachgeben gewöhnt. Hierfür ist der Gummi-Halsverlängerer das ideale Hilfsmittel, da er dem eventuellen Gegendruck des Pferdes nachgibt und dieses nicht in eine bestimmte Haltung zwingt. So ist besonders das junge, unerfahrene Pferd vor Verletzungen und Panik, in die es bei feststehenden Ausbindern leicht geraten kann, geschützt und wird dennoch in die gewünschte Richtung gewiesen. Der Druck des Halsverlängerers wirkt – wie man auf dem Foto deutlich erkennt – direkt auf das Genick, auf das

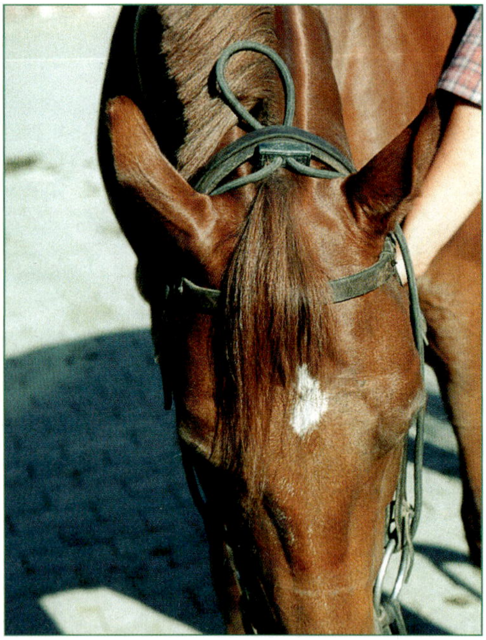

Möglichkeiten, die Verschnallschlaufe des Halsverlängerers zu verwahren, damit sie nicht gegen die Ohren schlägt.

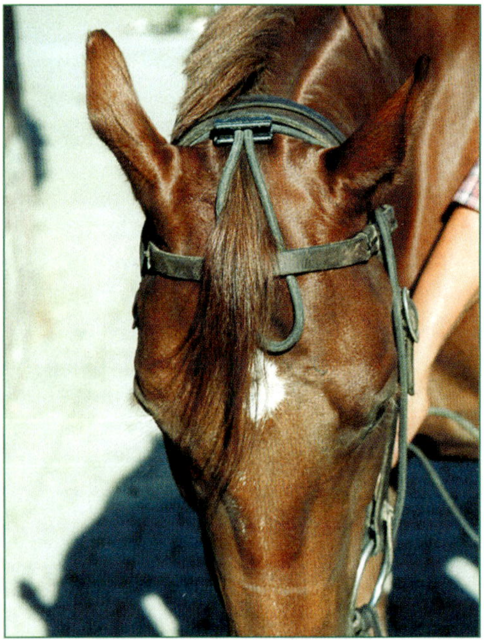

Gebiss wirkt er lediglich indirekt. Durch die elastische Art des Ausbindens wird das junge Pferd nicht in eine starre Kopfposition gezwungen und kann sich besser ausbalancieren, lernt aber dennoch, dem Druck nachzugeben, denn umso stärker es sich gegen das Gummiband lehnt, desto stärker zieht dieses zurück. Zunächst wird der Halsverlängerer so lang wie möglich verschnallt. Mit der Zeit wird er dann Stück für Stück kürzer geschnallt, bis das Pferd in der angestrebten, versammelten Haltung geht, ohne sich gegen den Druck zu wehren.

Für diese Trainingseinheit werden Sie je nach Ausbildungsstand des Pferdes 3 – 6 Tage à 10 – 20 Minuten Longenarbeit benötigen. Der Halsverlängerer besteht aus einem Stück: Er läuft von der einen Pferdeseite über Genick und Trensenringe zur anderen Pferdeseite. Will das Pferd dem Druck der Longe nach innen nachgeben, so kann es dies mit Kopf und Hals tun, die Schulter aber weiterhin außen lassen, denn verlängert sich der äußere Strang des Halsverlängerers, so verkürzt sich automatisch der innere.

Lektion 3
Der Dreieckszügel

Der Dreieckszügel ist ebenso wie der Halsverlängerer keine starre Ausbindemethode. Er wirkt jedoch nur noch auf das Gebiss, nicht mehr auf das Genick. Hat das Pferd beim Halsverlängerer noch die Möglichkeit gehabt, neben der Auf-/Abwärtsbewegung des Halses diesen auch nach innen oder außen zu biegen, so ist dieses beim Dreieckszügel kaum noch möglich. Dafür stabilisiert er die Vorhand des Pferdes besser.

Der Dreieckszügel besteht aus zwei getrennten Riemen, je Pferdeseite einer. Sie laufen frei durch die Trensenringe und geben dem Pferd die Möglichkeit einer gewissen Auf-/Abwärtsbewegung von Hals

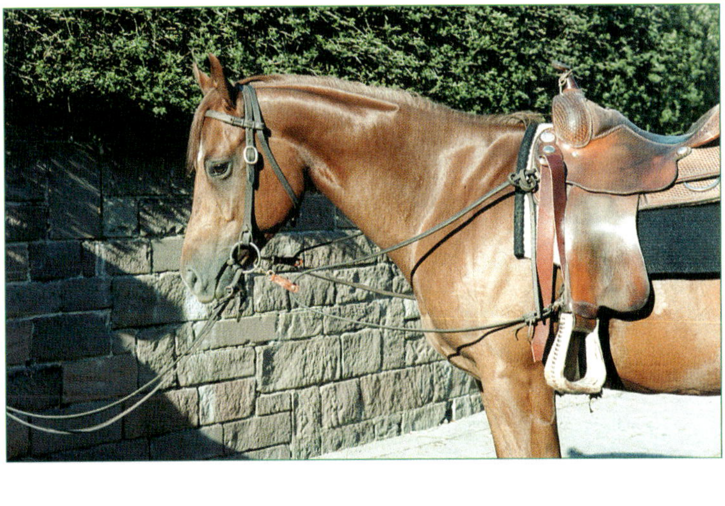

und Kopf; eine selbstständige Krümmung der Längsachse ist dem Pferd aber nur noch bedingt möglich. Will das Pferd dem Zug der Longe nach innen nachgeben, so muss es das mit der gesamten Vorhand tun (Kopf, Hals, Schulter, Vorderbeine). Dies ist der Grundstein zum richtigen Lenken. Auch später soll das Pferd unter dem Sattel bei einer Lenkhilfe sofort mit der gesamten Vorhand reagieren und nicht nur Hals und Kopf „hergeben", mit der Schulter und den Beinen aber trotzdem geradeaus laufen.

Die Vorderbeine bringen das Pferd in die gewünschte Richtung, nicht Hals und Kopf.

Auch beim Dreieckszügel gilt: Erst länger verschnallen, später verkürzen, wobei der innere Ausbinder so viel kürzer geschnallt wird als der äußere, sodass das Pferd der Zirkellinie entsprechend gestellt ist.

Der Dreieckszügel: Verschiedene Verschnallungsmöglichkeiten des Dreieckszügels. Im Laufe der Ausbildung wandern die Zügel des „Dreiecks" immer mehr zusammen.

KAPITEL 11

Vorbereitung zum Satteln

Vor dem Satteln muss das Pferd geputzt werden. Sattel- und Gurtlage müssen gründlich gereinigt und auf eventuelle Verletzungen untersucht werden. Bleiben Staub oder gar Sandkörner o.Ä. im Fell, können Hautreizungen und -ausschläge die Folge sein, besonders, wenn das Pferd beim Reiten schwitzt.

Das Satteln

Vor dem Sattel wird zunächst die Sattelunterlage, das Pad, auf den Pferderücken in Höhe des Widerristes gelegt. Bevor Sie den Sattel auflegen, schlagen Sie den an der rechten Seite des Sattels bereits befestigten Bauchgurt und den rechten Steigbügel über die Sitzfläche: So vermeiden Sie, dass Ihnen diese Teile beim Satteln hinderlich sein können.

Der Sattel wird zunächst wie das Pad in Höhe des Widerristes aufgelegt und dann mit dem Pad in Fellrichtung nach hinten geschoben, bis er eine stabile Lage erreicht hat. Lässt der Sattel sich weder mühelos nach vorne, hinten oder zur Seite schieben, dann liegt er korrekt in der Sattellage. Nun ziehen Sie das Pad in Richtung Sattelknauf nach oben, damit es beim Reiten nicht auf den Widerrist des Pferdes drückt oder scheuert.

Der Sattelgurt wird gerade, ca. eine Handbreit hinter dem Ellbogenhöcker des Pferdes zunächst so weit angezogen, dass der Sattel seitlich nicht verrutscht, auch wenn das Pferd sich bewegt. Kurz vor dem Aufsitzen, nachdem das Pferd einige Minuten geführt wurde, können Sie den Sattel dann richtig festgurten. So vermeiden Sie besonders bei jungen Pferden Sattelzwang oder Bocken beim Aufsteigen.

Zwei Möglichkeiten, einen Westernsattel bequem zu tragen.

Eine Möglichkeit, einen Westernsattel aufs Pferd zu legen – besonders geeignet für junge Pferde (erstes Satteln), Pferde mit empfindlichem Rücken und schreckhafte Pferde:

Pad weit genug vorne auflegen – in Fellrichtung kann man es immer noch zurückschieben, aber nicht dagegen.

Fender und Gurt der rechten Seite überschlagen und Steigbügel übers Horn hängen.

Sattel so seitlich vom Pferd stehend hochkanten...

... und etwas vor der Sattellage sanft auf den Rücken gleiten lassen.

Eine weitere Möglichkeit, einen Westernsattel aufs Pferd zu bekommen, ist die „schwungvolle Variante"; sie bedarf einiger Übung und sollte nur bei erfahrenen Reitpferden angewandt werden. – Sie ist aber für den Reiter kraftsparender und geht, besonders bei kleinen Personen, nicht so ins Kreuz.

Man stellt sich mit dem Rücken zum Pferdekopf und hält den Sattel etwa in Hüfthöhe.

Dann schwingt man den Sattel aus der Hüfte hoch übers Pferd...

... und lässt ihn in die Sattellage gleiten – nicht plumpsen. Dazu fängt man das Gewicht mit dem linken Unterarm, der auf der Schulter des Pferdes liegt, ab.

KAPITEL 12

Das Aufzäumen

Die Zügel werden vor dem Aufzäumen auf Genickhöhe um den Hals des Pferdes gelegt, damit das Pferd bei eventuellem Zurückweichen festgehalten werden kann.

Eine weitere Möglichkeit ist, das Halfter am Genickriemen aufzumachen und dem Pferd wie ein Halsband ums Genick zu verschnallen. So ist der Kopf frei, und das Pferd ist trotzdem angebunden.

Nun halten Sie mit der rechten Hand das Genickstück des Kopfstückes, die linke Hand hält mit ausgestreckten Fingern das Gebiss und gibt sie dem Pferd ins Maul. Dabei hält der kleine Finger den Kinnriemen und streift diesen über die Unterlippe des Pferdes. Öffnet das Pferd sein Maul nicht bereitwillig, so wird der Daumen von links in die Laden, die zahnlose Stelle im Maulwinkel des Pferdes, geschoben. Fast alle Pferde öffnen daraufhin reflexartig das Maul.

Danach zieht die rechte Hand das Kopfstück über die Ohren, wobei die linke, nun wieder freie Hand, zu Hilfe genommen werden kann. Der Kehlriemen wird so verschnallt, dass eine Handbreit Platz bleibt; so bleibt genügend Platz, auch wenn das Pferd in der Versammlung im Genick abknickt.

Eine gebräuchliche Variante des Aufzäumens.

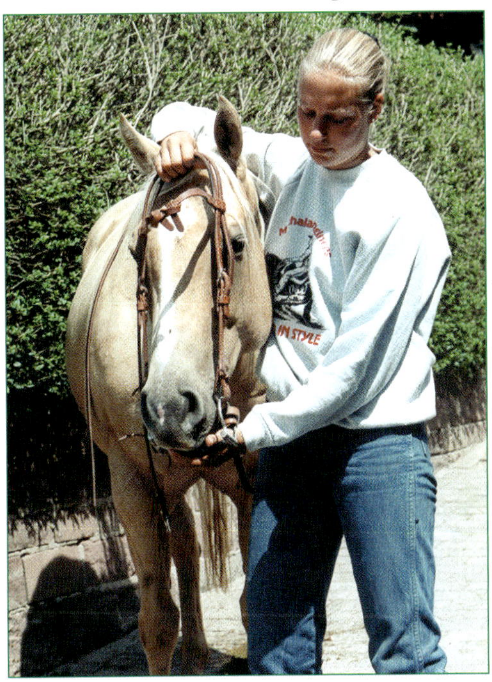

▲ Eine andere Möglichkeit des Aufzäumens, besser geeignet für Pferde, die empfindlich an den Ohren sind und zurückziehen oder aber für kleine Leute, die Probleme haben, ihrem Pferd über den Kopf zwischen den Ohren durchzureichen.

Auf dem Bild rechts sieht man gut, wie der Daumen das Pferdemaul öffnet.

KAPITEL 13

Das Führen

Sicherlich werden Sie sich wundern, dass dieses Thema in einem Buch über Reitlektionen behandelt wird. Leider muss man jedoch immer wieder beobachten, dass Pferde – besonders jene, die konventionell ausgebildet wurden – sich nicht problemlos führen lassen. Dabei kann es für Pferd und Reiter zu gefährlichen Situationen kommen. Bevor Sie also aufsteigen, sollte sich Ihr Pferd einwandfrei führen lassen. Fangen hier die Probleme bezüglich der Unterordnung schon an, sollten Sie erst gar nicht in den Sattel steigen!

Das Westernpferd muss sich problemlos führen lassen und dabei auf den Menschen, der neben ihm geht, achten. Dies ist bereits Teil der Grundausbildung jedes westerngerittenen Pferdes. Das typische Gezappel und Zerren, wie wir es oft bei großen Warmblutpferden sehen, entspricht nicht dem in der Westernreitweise vertretenen Standpunkt von Unterordnung und Umgänglichkeit des Pferdes dem Menschen gegenüber.

Der Rechtshänder führt das Pferd von links, der Linkshänder von rechts. Die führende Hand hält die Zügel bzw. den Strick ca. 30 – 50 cm vom Pferdemaul entfernt, die äußere Hand hält den Rest der Zügel/des Strickes.

Wichtig ist, dass das Pferd schon beim Führen gelernt hat, den Menschen zu respektieren. Keinesfalls darf es gegen den Menschen drängen oder gar springen, auch nicht, wenn es sich erschreckt.

Wie verhindere ich das?

Ist das Pferd unruhig, so sollte man versuchen, den Kopf des Pferdes so nahe wie möglich bei sich zu halten: So erreichen Sie, dass das Pferd im Ernstfall um sie herumläuft und Sie nicht zur Seite drängt oder an Ihnen vorbeistürmt.

So lernt es das Pferd von Anfang an

Bereits in der zweiten bis dritten Lebenswoche sollte das Fohlen an Strick und Halfter gewöhnt werden.

So lernt es am leichtesten, dem Menschen zu folgen und Respekt zu der führenden Person zu haben.

Ab dem Zeitpunkt, an dem es von der Stute abgesetzt wird, wird das Fohlen dann ebenso konsequent ausgebildet wie ein erwachsenes Pferd: Es lernt, sich ca. zwei Schritte an der Hand rückwärts richten zu lassen, einen bestimmten Sicherheitsabstand zum Menschen zu halten, nicht gegen den Menschen zu „rempeln", auf Kommando (Stimme und Gesten) anzuhalten und zur Seite zu weichen.

Zum Führen benötigen wir einen ca. 3 m langen festen Strick, der mindestens 2 cm dick ist. Ein kürzerer Strick muss im Ernstfall losgelassen werden und ist zum Üben damit ungeeignet. Das Halfter sollte – auch bei Fohlen – stabil sein. Bei schwierigen Pferden kann ein dünnes Strickhalfter benutzt werden: Es wirkt schärfer auf Genick, Nase und Gesichtsseiten als ein herkömmliches Nylon- oder Lederhalfter.

Eine weitere Möglichkeit, auch schwierige Pferde sicher zu führen, bietet die Führkette, die unter dem Kinn des Pferdes entlang geführt wird (siehe Fotos S. 66/67). Bei beiden Methoden ist jedoch Vorsicht angesagt, da zu hartes Zufassen Verletzungen hervorrufen kann!

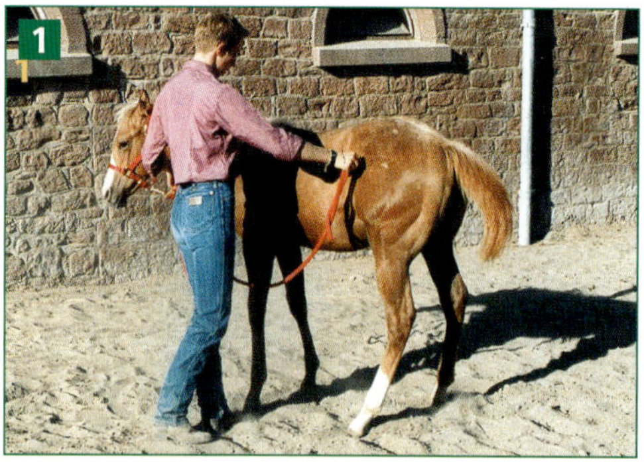

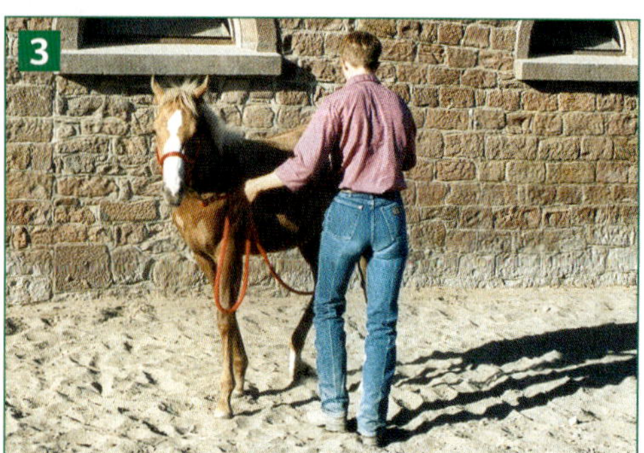

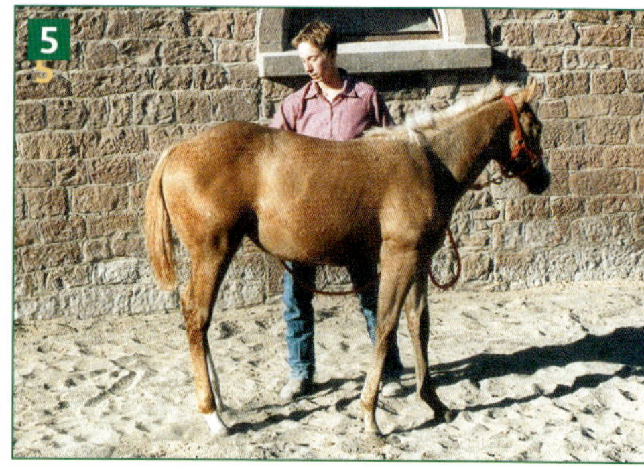

Das Weichenlassen der Hinterhand, hier bei einem Absetzer. Das Fohlen macht eine komplette Vorderhandwendung

Trotz des nötigen Respekts vor dem „Leittier" Mensch – Vertrauen und Ruhe bei der Berührung sind unerlässlich.

Ausführung:
Nehmen Sie den Strick in ein/zwei großen, losen Schlaufen in die linke Hand, ca. 50 cm vom Pferdekopf entfernt; mit der rechten Hand nehmen Sie das Ende des Strickes, sodass ein Reststück von 60 – 80 cm herunterhängt. Treten Sie nun zur linken Seite des Pferdes und berühren Sie mit der rechten Hand die Flanke des Pferdes, bis es zur Seite weicht. Reagiert das Pferd nicht, so nehmen sie das Strickende in die rechte Hand und lassen es neben dem Pferd wie einen Propeller kreisen und bewegen ihn langsam in Richtung Pferdekörper. Weicht das Pferd noch immer nicht, so lassen Sie den Strick leicht gegen die Seite des Pferdes klopfen, so lange, bis das Pferd dies als unangenehm empfindet und weicht.

Wiederholen Sie diesen Vorgang pro Tag und Seite ungefähr zehnmal, so lange, bis das Pferd weicht, wenn Sie an seine Seite treten und schnalzen. Wichtig ist, ab und zu seitlich an das Pferd heranzutreten und auf die Hinterhand zu klopfen, ohne ein Weichen zu verlangen.

Das Pferd muss unterscheiden lernen, wann es weichen soll und wann Sie einfach nur an es herantreten.

„Der Strickpropeller"

Rückwärtsweichen

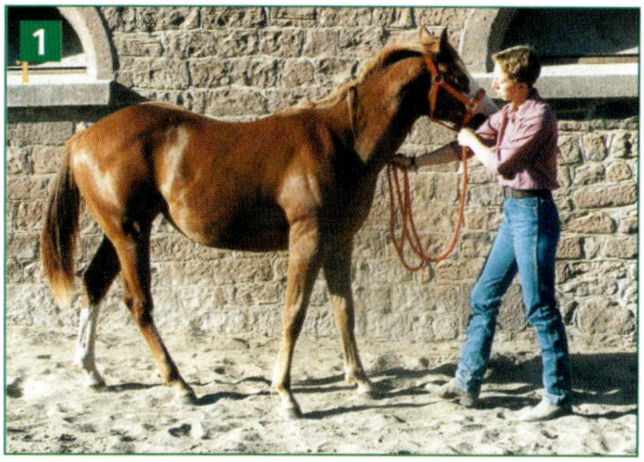

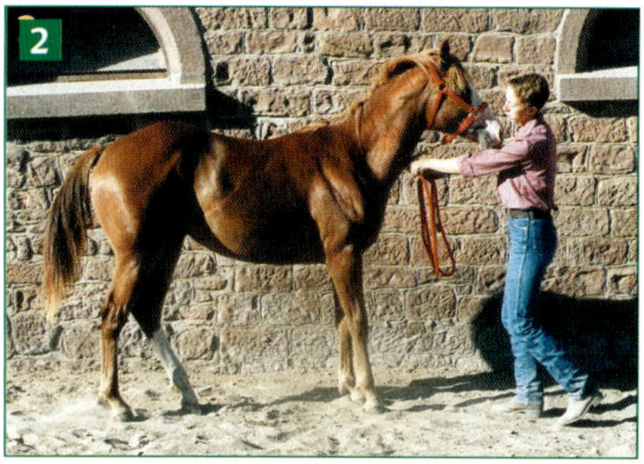

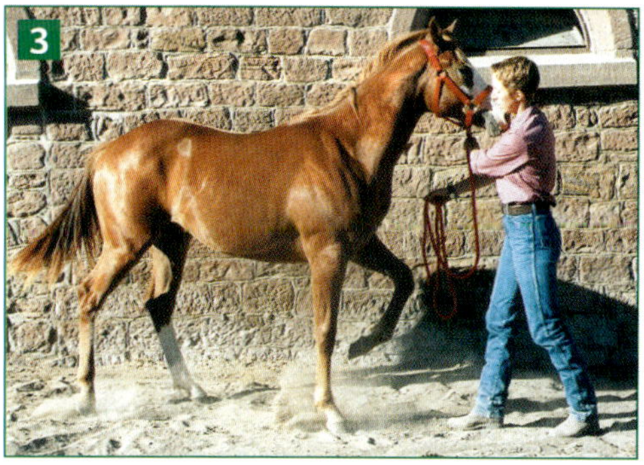

Die gleichen Übungen werden nun an der Vorhand des Pferdes gemacht, damit es lernt, auch im Bereich der Schulter zu weichen. Beherrscht es beides, so kann man durch Berühren im Bereich der Gurtlage ein Seitlichtreten des gesamten Pferdes verlangen.

Zum Rückwärtstreten ist es sinnvoll, das Pferd parallel zu einer Wand aufzustellen. Sie stehen rechts vom Pferd gegenüber der Wand; in der rechten Hand halten Sie das Strickende, während die linke Hand in kurzem Abstand zum Halfter gehalten wird. Nun berühren Sie das Pferd mit der rechten Hand leicht an der Brust und schnalzen dabei. Weicht das Pferd nicht zurück, so geben Sie leichten Druck auf den Nasenriemen des Halfters, indem Sie mit der linken Hand leicht am Strick zupfen.

Da das Pferd nach allen Seiten – außer nach hinten – begrenzt ist, wird es nun nach hinten weichen. Sobald es einen Schritt rückwärts getreten ist, wird es gelobt. Stück für Stück wird die Zahl der Schritte gesteigert; innerhalb einer Woche sollte das Pferd in der Lage sein, zügig zehn Schritte rückwärts zu laufen.

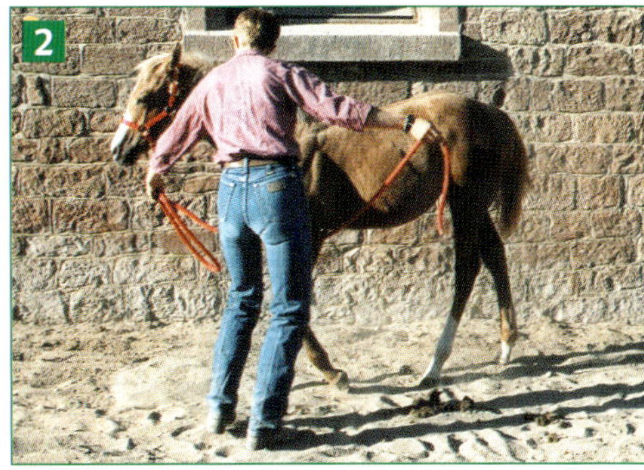

Vorwärtsführen
Dieselben Mechanismen nutzen wir nun zum Vorwärtsführen des Pferdes: Ausweichen, Begrenzen, Raumgeben.

Sollte das Pferd beim Vorwärtsantreten Schwierigkeiten machen, so nutzen Sie, dass es gelernt hat, dem Strickende auszuweichen. Stellen Sie es entlang einer Wand und klopfen mit dem Strickende so weit hinten wie möglich auf die Kruppe. Die linke Hand weist nach vorne führend den Weg. Hat das Pferd ein bis zwei Schritte gemacht – loben.

Hat das Pferd die „Ausweich-Übungen" gelernt, so beginnen Sie damit, das Pferd im Abstand von ca. 1 m hinter sich her zu führen. Sobald Sie abrupt anhalten, sollte auch das Pferd stehen. Hält es nicht sofort an, so drehen Sie sich zu ihm um und lassen es einige Schritte rückwärts weichen. Trainieren Sie diese Übung so lange, bis das Pferd anstandslos anhält und auch bei ihm zugewandtem Rücken rückwärts weicht, wenn Sie auf es zukommen. Der Abstand von 1 m muss zu jeder Zeit gewahrt werden.

Anlegen einer Führkette

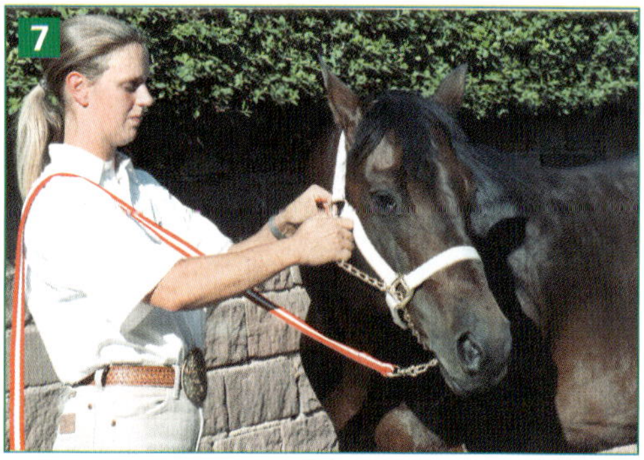

Diese Bilderreihe zeigt genau den Verlauf der Führkette durchs Halfter.

Korrekt angelegte Führkette

So hält man den Führstrick und stellt sich neben dem Pferd auf.

Führen eines Pferdes in vorbildlicher Manier.

KAPITEL 14

Die Hilfen

*„Every cue is a word,
teach your horse word after word
so that it can read a sentence
and can understand your message"*

George Maschalani

Ein Horseman beherrscht die Pferdesprache. Hilfen sind dazu da, dem Pferd zu helfen, unser Anliegen zu verstehen. Es gibt vielfältige Ausdrucksmöglichkeiten, auf die wir zurückgreifen können, um mit einem Pferd zu kommunizieren. Bei der Bodenarbeit sind neben der Stimme Mimik und Gestik sehr wichtig. Da uns das Pferd aber kaum noch sieht, wenn wir oben draufsitzen, bleibt uns von den am Boden erlernten Hilfen nur noch die Stimme, die wir dann durch weitere Einwirkungsmöglichkeiten ergänzen müssen, da die Bewegungsabläufe und Aufgaben mit fortschreitender Ausbildung ja auch immer komplizierter werden.

Es gibt Zügelhilfen, Schenkelhilfen sowie Einwirkung mit Hilfe von Kreuz und Becken.

Im Anschluss will ich nicht nur den Begriff der einzelnen Hilfen erklären, sondern auch deren Qualität und Wirkungsweise. Allen Hilfen sollte gemeinsam sein, dass sie für das Pferd leicht verständlich sind.

Die Zügelhilfe

Mit Hilfe der Zügel können wir ein Pferd stellen oder seinen Schwung nach vorne begrenzen oder seitlich ableiten. Die Verbindung der Reiterhände über die Zügel zum Pferdemaul soll gleichmäßig und ruhig sein, ohne Zupfen oder andere ruckartige Bewegungen. Sie soll sein wie ein Gummiband, anfänglich leichter und bei vermehrtem Zug von Seiten des Pferdes schwerer zu spannen, aber immer elastisch. Die Reiterhand steht in ständigem Zusammenspiel mit dem Pferdemaul; gibt es nach, wird auch sie weich und gibt nach, geht das Pferd gegen die Hand, so hält sie gegen, zieht aber nicht aktiv am Maul. Um eine ruhige Hand zu haben, müssen wir unsere Hände unabhängig von Sitz und Bewegung kontrollieren können. Die nach vorne begrenzende Zügelhilfe benötigen wir, um ein Pferd zu verlangsamen oder in Verbindung mit treibenden Schenkel- und Kreuzhilfen den Vorwärtsschwung aufzufangen und nach oben abzuleiten (siehe Kapitel Versammlung).

Wenn man von Stellung redet, ist die Kopfstellung des Pferdes gemeint; natürlich gehört auch ein großer Teil des Halses dazu. Wann immer Sie ein Pferd z.B. nach links stellen, denken Sie daran, dass Sie seine rechte Seite zu dehnen versuchen. Je weniger ausgebildet und gymnastiziert ein Pferd ist, umso schwerer fällt ihm dies. In höheren Gangarten verstärkt sich dieses Problem, denn mit größerer Geschwindigkeit erhöht sich auch die Grundspannung im Pferdekörper und umso schwerer fällt es ihm, sich stellen zu lassen. Nicht außer Acht lassen darf man, dass ein gut gebautes Pferd mit besserer Ganaschenfreiheit und leichtem Hals einfacher zu stellen ist, als ein schwerhalsiges Tier mit möglichst noch schlechten

Korrekte Stellung

Hier verwirft sich das Pferd im Genick durch zu starke Einwirkung des äußeren Zügels und zu schwachen Einsatz des äußeren Schenkels

Merke:

Je weiter die Ausbildung, umso mehr Stellung, d.h. Dehnung kann bei Bedarf verlangt werden.

Bewegungen. Diese fallen beim ersten Versuch, sie zu stellen, meist aus der Gangart und brauchen deutlich längere Ausbildungszeiten.

Achten Sie bei der Kopfstellung darauf, dass das Pferd sich nicht im Genick verwirft, beide Ohrenspitzen sollten auf einer waagerechten Linie sein. Außer bei speziellen Dehnungsübungen, stellen Sie Ihr Pferd im Hals nicht mehr, als sich sein Körper biegen kann. Das Überdehnen im Halsbereich macht den Körper ihres Pferdes

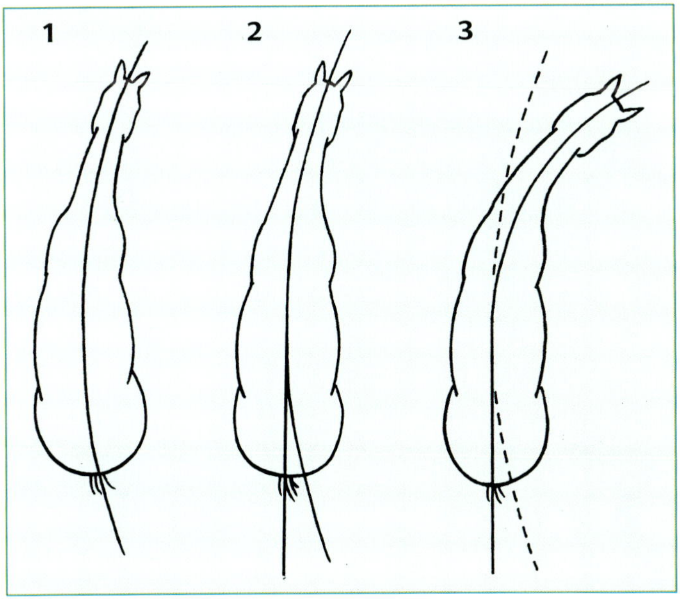

1) mögliche Biegung eines Pferdes
2) korrekte Stellung, der möglichen Biegung angepasst
3) übertriebene Stellung - der Kreisbogen des Halses weicht deutlich von der Linie ab, die sich bei der möglichen Biegung des Pferdekörpers ergibt

Merke:

Korrektes Stellen geht immer mit einem Nachgeben im Genick/ Ganaschen einher. Spricht man von Stellung, sind ausschließlich Kopf und Hals gemeint, während sich die Biegung auf die gesamte Wirbelsäule des Pferdes bezieht, sie soll einen gleichmäßigen Bogen beschreiben.

zu einer unkontrollierbaren Schlange, dadurch verliert er seine Grundspannung, die er zur Versammlung benötigt. Es macht keinen Sinn, ein Pferd mit Gummihals zu haben, welches aber ab Schulter nach hinten stocksteif ist.

Die Schenkelhilfen

Ein nicht auf die Schenkelhilfen reagierendes Pferd fühlt sich an wie ein Rodelschlitten, der trotz eingeschlagener Lenkung auf Eis weiter bergab schießt oder wie ein PKW, der auf glatter Straße in der Kurve ausbricht. Wenn hier der äußere Schenkel einwirken würde, unterstützt vom äußeren, anliegenden Zügel, so entstünde eine „Leitplanke", die die Fliehkraft von der geraden Linie in eine Lenkbewegung ableitet (siehe „Lenkung").

Ein Pferd, welches auf dem Rückweg vom Ausritt in Richtung Stall eilt, läuft weitgehend geradeaus, weil es dorthin will; es hat ein Ziel. Will man es aber von zu Hause oder einer Gruppe wegreiten, so drängt es mal nach rechts und nach links. Es hat kein Ziel bzw. sein Ziel ist nicht das des Reiters. Wir wollen aber in der Lage sein, auch ein „zielloses" Pferd z.B. auf einem Reitplatz oder in fremdem Gelände gerade zu richten und geradeaus zu reiten. Schlangenlinien und seitliche Ausbrüche ständig mit dem Zügel zu korrigieren ist für beide Seiten mühsam. Es sollte daher unser Bestreben sein, das Pferd gerade zwischen unseren Schenkeln zu führen und ihm so den Weg vorzugeben, direkt und ohne Umwege zu unserem Ziel, sei das nun ein bestimmter Bahnpunkt oder ein Fixpunkt im Gelände. Bei diesen Bemühungen stoßen wir auf zwei Hindernisse:

- Das Pferd hat nicht dasselbe Ziel wie wir und will abbiegen. Dadurch verwirft es sich in der Längsachse und drückt den Rippenkasten zur einen oder anderen Seite.
- Seine natürliche Schiefe erlaubt ihm nicht, gerade gerichtet zu gehen (s.u.).

Anlässlich einr Showvorführung zur Equitana: Vorstellung des QuarterHorse-Hengstes „Po Bayoto Doc" ohne Kopfstück, nur mit den Schenkeln gelenkt

Wie schaffen wir Abhilfe?

Durch das Schenkelweichen lehren wir dem Pferd, dem rechten Schenkel nach links zu weichen und dem linken nach rechts. Wenn es Respekt vor beiden Schenkeln hat und dessen Hilfen versteht und wir dann unsere beiden Schenkel neben seinem Körper positionieren, so wird es, falls es den Rippenkasten nach links drückt, weil es drängelt, dort den linken Schenkel berühren und diesem nach rechts ausweichen, bis es an den rechten Schenkel stößt usw. Es wird, übertrieben gesagt, so lange hin und her ausweichen, bis es feststellt, dass zwischen den Schenkeln zu bleiben die erwünschte Körperposition ist, so läuft es geradeaus. Wollen wir lenken, werden unsere Schenkel aktiv und legen sich verstärkt an den Rippenkasten des Pferdes an. Je nach Position des Schenkels können wir entweder eine Richtungsänderung oder ein Seitwärtstreten erreichen, denn das Pferd hat einen bestimmten Drehpunkt, einen Schwerpunkt, um den sich Vorder- und Hinterhand drehen, wie die Figur einer Wetterfahne sich um die Achse dreht. Vereinfacht ausgedrückt, legt man den Schenkel vor diese Achse an, so wird die Vorhand abgelenkt und es kommt zu einer Richtungsänderung, sollte sich das Pferd in einer Vorwärtsbewegung befinden und keine weiteren stabilisierenden oder stellenden Hilfen hinzukommen. Legt man den Schenkel am Drehpunkt an, so entsteht eine gleichmäßige Seitwärtsbewegung von Vorderhand und Hinterhand. Drückt der Schenkel hinter dem Drehpunkt, so weicht die Hinterhand aus.

Die **natürliche Schiefe** ist ein anatomisches Problem. Grob gesagt hängt an den seitlichen Dornfortsätzen der Wirbelsäule ein riesiger Muskel-, Sehnen- und Bänderapparat. Die von mir aufgestellte Theorie ist, dass ein Fohlen im Laufe der ersten Jahre auf der Wiese und auch später das er-

Im Trail ist das perfekte Zusammenspiel von Zügel und Schenkelhilfen absolute Notwendigkeit. Hier George Maschalani mit dem 3jährigen Charcool Sohn „Ima Cool Zippo“

wachsene Pferd immer versuchen wird, auf beiden Körperseiten den gleichen Blickwinkel nach hinten zu haben. Als Fluchttier hat das Pferd ja bekanntlich einen nahezu Rundumblick, um auch Gefahren, die von hinten kommen (z.B. ranghöherer Artgenosse oder der „Säbelzahntiger“) zu erkennen. Nun verdeckt ihm aber das meist einseitig liegende Mähnenhaar, besonders wenn es frisst oder den Kopf tief hält, einen großen Winkel seitlich nach hinten. Also hält es Kopf und Hals sowie zum Teil auch den ganzen Körper immer etwas mehr zur Mähnenseite gebogen als zur anderen. Auf einer Körperhälfte wird die Muskulatur nebst Bändern und Sehnen gedehnt, auf der anderen Seite verkürzt sie sich. So entsteht die natürliche Schiefe, die wir durch gezielte Gymnastizierung ausgleichen müssen, um das Pferd gerade zu richten.

Um diese über Jahre praktizierte Fehlhaltung zu korrigieren, braucht man viel Zeit. Man kann zwar die verkürzte Seite stärker dehnen als den Grad, in dem das Pferd durch schiefe Haltung die andere Seite dehnt, jedoch muss man sehr vorsichtig sein, dass es zu keinen Verletzungen kommt (Muskelfaserrisse, Bänderzerrungen etc.). Verletzungen und Schmerzen durch zu starkes Dehnen führen zu Verkrampfung und Gegenwehr des Pferdes und wir erreichen damit eher das Gegenteil, nämlich dass das Pferd eine Schonhaltung annimmt und noch „krummer“ wird. Wenn man nicht weiß, wie weit man bei Dehnübungen gehen kann, sollte man mal überlegen, was man sich selber zumuten würde. Auf jeden Fall ist hier äußerste Vorsicht angesagt.

Die Art der Schenkelhilfen

Es gibt grundsätzlich den treibenden und den verwahrenden Schenkel. Der treibende Schenkel liegt mit mehr oder weniger Druck (je nach Situation und Reaktion des Pferdes) an. Er kann in bestimmten Fällen (z.B. bei stumpfen Pferden) auch klopfend verwendet werden. Er kann auch rhythmisch die Bewegung des Pferdes unterstützen. Weder der Schenkel noch ein eventuell vorhandener Sporen wird „überfallartig“ eingesetzt. Schenkel oder zur Verstärkung auch Sporen legen sich langsam an und bauen vermehrt Druck auf, bis die gewünschte Reaktion erreicht ist. Der treibende Schenkel ist für die Vorwärtsbewegung (gegebenenfalls auch die Rückwärtsbewegung) zuständig. Der verwahrende Schenkel bildet eine Begrenzung, er ist inaktiv und liegt lediglich an, kann aber bei Bedarf sofort aktiviert werden, um z.B. durch verstärkten Druck eine seitwärts Bewegung zu erzeugen. Er wird „verwahrt“, bis er gebraucht wird. Weggestreckte Schenkel gibt es bei keiner guten Reiterei, ein weggestreckter Schenkel käme bei Bedarf immer überfallartig zum Einsatz.

Hilfen durch Becken und Kreuz

Mit seinem Becken kann der Reiter die Beweguung des Pferdes unterstützen oder behindern bzw. bremsen. Das menschliche Becken und der Pferderücken sind der Hauptberührungspunkt der zwei Körper Pferd und Reiter! Schwingt das Becken in der Bewegung mit, so behindert der Reiter das Pferd nicht und sitzt passiv, er lässt sich bewegen. Forciert er durch Eigenbewegung des Beckens die Rückenbewegung des Pferdes, so sitzt er aktiv treibend. Sitzt er gegen die Bewegung, so bremst er das Pferd. Die Spannung des Beckens bzw. dessen Lockerheit kann man durch die Bauch- sowie die Rückenmuskulatur, besonders im Lendenwirbelbereich beeinflussen. Daher auch der Begriff „Kreuzhilfen“ bzw. treibendes Kreuz, was manchem Reitanfänger vielleicht komisch vorkommt, da man mit seinem Rücken – also Kreuz – das Pferd ja gar nicht berührt.

Eine weitere Hilfe, die durch Becken und Kreuz ausgeübt wird, ist die Gewichtshilfe. In der Normalposition belasten wir beide Sitzbeinhöcker (untere Spitzen des Beckens) gleichmäßig. Verlagern wir das Gewicht mehr auf den einen oder anderen Sitzbeinhöcker, belasten wir die eine oder andere Körperhälfte des Pferdes verstärkt und geben ihm dadurch ebenfalls Signale = Hilfen (siehe Gewichtshilfen).

Ein interessierter Reiter sollte gezielt die Beweglichkeit seines Beckens trainieren.

KAPITEL 15

Das Aufsitzen

Grundsätzlich sollte es für einen Reiter möglich sein, von beiden Seiten aufzusitzen. Klappt das Auf- und Absitzen auf beiden Seiten, so ist dies ein Zeichen dafür, dass der Reiter ausbalanciert ist. Für die spätere Hilfengebung ist das von großem Vorteil.

Üben Sie also ruhig, auch einmal von der ungewohnten Seite auf- und abzusitzen. Es schult den Gleichgewichtssinn!

Das Auf- und Absitzen von beiden Seiten hat beim Westernreiten auch den Vorteil, dass die Steigbügelriemen gleichmäßig gedehnt werden. Anders als beim herkömmlichen Sattel können die Fender nicht von rechts nach links ausgetauscht werden. Wird ein Fender über Jahre stets durch Auf- und Absitzen belastet, so dehnt er sich stärker, als der Fender auf der unbelasteten Seite, und die Steigbügellänge ist irgendwann nicht mehr gleichmäßig.

Aufsitzen von links:
Vor dem Aufsitzen stellen Sie den Kopf des Pferdes leicht nach links, indem Sie den jeweiligen Zügel etwas annehmen. So kann das Pferd nicht nach vorne losstürmen, wenn Sie noch nicht fest im Sattel sitzen. Während des Aufsitzens halten Sie beide Zügel in der linken Hand.

Hier ist das Abwenden des Kopfes zum Aufsitzen etwas übertrieben dargestellt. Ein braves Pferd braucht man nicht mehr zu stellen. Beim ersten Aufsitzen auf ein junges Pferd ist diese starke Biegung hingegen angebracht.

Nun stellen Sie die linke Fußspitze in den Steigbügel. Sie stehen dabei leicht schräg zum Pferd und halten sich mit der linken Hand am Sattelknauf, mit der rechten am Cantle fest. Das linke Bein drückt – unterstützt von den Händen – den Körper nach oben, das rechte Bein drückt sich vom Boden ab und schwingt über das Pferd langsam auf die rechte Seite, wobei das Reitergewicht sanft in den Sattel gleitet – nicht fällt!

Sobald der Oberkörper gerade im Sattel sitzt, wird er kurz nach rechts geneigt, um den eventuell verrutschten Sattel wieder gerade zu rücken.

Die Fußspitze nie zu weit in den Bügel stecken; berührt sie beim Aufsteigen das Pferd, ist es wahrscheinlich, dass sensible Pferde zur Seite ausweichen.

Ein zu weit in den Bügel gesteckter Fuß hat meist auch zur Folge, daß die Fußspitze tiefer kommt, als die Ferse. Das ist ein unkorrekter Sitz und macht ein Abfedern im Sprunggelenk unmöglich.

So kann man sowohl die Zügel, als auch sich selbst am Horn festhalten.

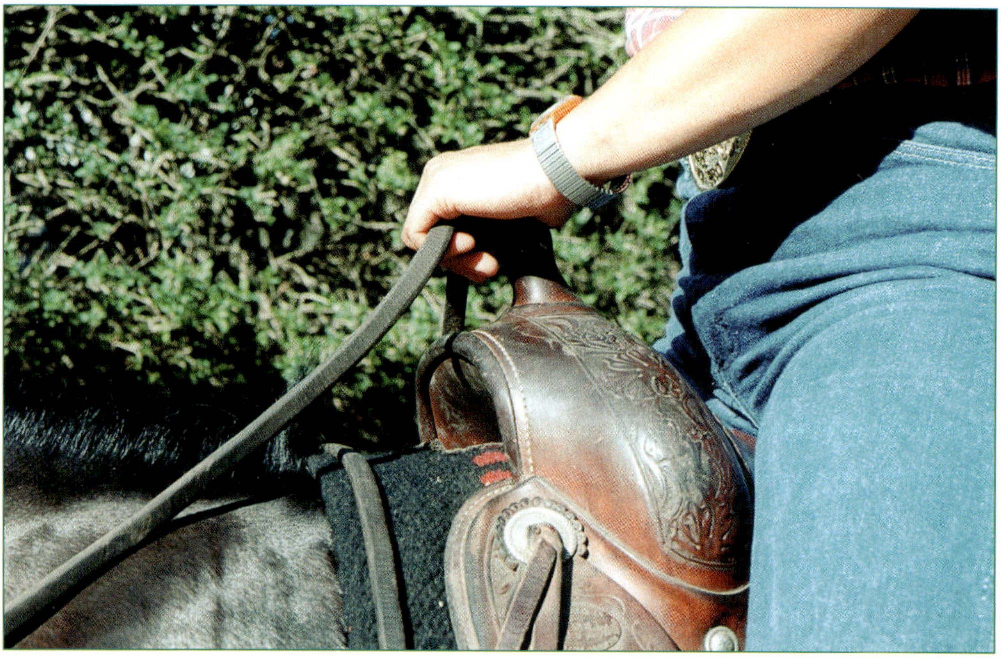

Der Sitz

Sitzen im Gleichgewicht

Wichtig in allen Gangarten ist der ausbalancierte Sitz. Der Oberkörper ist aufgerichtet, die Gesäßknochen sind gleichmäßig belastet und befinden sich im tiefsten Punkt des Sattels. Das Becken ist gerade aufgerichtet, die Schultern sind entspannt und auf einer Höhe und bilden mit dem Becken, den Waden und Fersen eine gerade, senkrechte Linie. Der Kopf ist geradeaus gerichtet. Wichtig ist eine gleichmäßige Atmung; nur so ist ein entspannter, aufrechter Sitz möglich!

Die Unterschenkel liegen leicht am Pferd an, die Füße zeigen parallel zum Pferdekörper nach vorne, beide Steigbügel sind gleichmäßig belastet und gleich lang.

Der gut sitzende Reiter kann mit einer „Hollywood-Schaukel" verglichen werden: Der Schultergürtel ist die Achse, der ruhende Punkt, um den sich der Rest des Körpers bewegt.

Die Hand- und Zügelhaltung

Um das Pferd in den einzelnen Lektionen effektiv und schnell korrigieren zu können, ist die richtige Hand- und Zügelhaltung von Anfang an besonders wichtig. Die Hände werden aufrecht und in gleicher Höhe gehalten.

Mit parallel gehaltenen Unterarmen bilden die Zügel eine „Brücke" zwischen beiden Händen, welche ungefähr hüftbreit auseinander gehalten werden.

Daumen und Zeigefinger halten die Zügel, die anderen Finger sind locker und können leichteste Zügelhilfen geben. Nur bei starker Zügeleinwirkung werden die Fäuste geschlossen, damit das Pferd dem Reiter die Zügel nicht aus der Hand ziehen kann.

Um die Zügel anzunehmen oder nachzugehen, bewegen sich die Unterarme aus den Ellbogengelenken gerade vor oder zurück. Wichtig ist, dass die Hände beim Reiten ruhig gehalten werden; sie dürfen – außer im Moment aktiver Zügelhilfe – weder auf und ab, noch vor und zurück pendeln. Unruhige Hände „verfälschen" die Hilfengebung und beeinflussen die gesamte Körperhaltung des Reiters negativ.

Die nachfolgenden Kapitel Schritt, Trab, Galopp und Rückwärtsrichten beziehen sich hauptsächlich auf den Reiter. Es wird davon

Handhaltung

ausgegangen, dass der Reiter auf einem ausgebildeten Pferd sitzt, welches die Hilfen kennt und ausführt. Die Hilfengebung und der Sitz in den einzelnen Gangarten soll hier verdeutlicht werden, nicht aber, wie man diese dem Pferd beibringt. Beim unsicheren Reiter können die folgenden Übungen an der Longe ausgeführt werden.

Das Sitzen im Schritt

Vor dem Anreiten im Schritt werden die Zügel etwas angenommen, bis das Pferd weich im Genick nachgibt. Dann üben Sie mit beiden Unterschenkeln, diese liegen in normaler Sitzposition, impulsartigen Druck auf das Pferd aus, wobei der Oberkörper ein wenig nach vorne gelehnt wird und die Zügelhände nach vorne etwas nachgeben. Sobald das Pferd im Schritt geht, sitzen Sie wieder gerade im Gleichgewicht mit aufgerichtetem, ruhigem Oberkörper und lockerem Becken, welches im Schritt-Takt durch die Pferdebewegung geschaukelt wird. Die Beine haben leichten Kontakt zum Pferd, ohne Druck auszuüben, und schwingen mit der Seitwärtsbewegung des Pferdes mit. Halten Sie Ihren Kopf gerade; wenn Sie zum Pferd schauen, dann tun Sie dies nur mit den Augen.

Der Trab

Wollen Sie vom Schritt in den Trab übergehen, so geben Sie die gleichen Hilfen wie zuvor beim Anreiten in den Schritt. Die treibenden Schenkel liegen jedoch etwas weiter hinten, achten Sie darauf, den Schenkeldruck langsam aufzubauen und Ihr Pferd nicht mit plötzlicher Hilfengebung zu „überfallen“.

Reagiert das Pferd auf den Schenkeldruck nicht, so können Sie leicht mit den Waden „klopfen“.

Wie unterscheidet mein Pferd, ob ich im Schritt oder im Trab anreiten möchte?

Zunächst unterscheidet sich die Hilfengebung zum Schritt und zum Trab nur in der Intensität. Für das Anreiten im Schritt hören Sie sofort mit dem Schenkeldruck auf, sobald das Pferd im Schritt geht, während Sie für die Trabhilfe weiterdrücken und dabei die Schenkel etwas nach hinten nehmen. Später wird das Pferd dann wissen, dass kurzer Druck am Bauchgurt Schritt, längerer Druck hinter dem Bauchgurt Trab bedeutet.

Schön zu sehen: leichte Reiterhand, ungebrochene Linie von Ellenbogen bis Pferdemaul, gute Absatzposition, die Reiterin sollte lediglich noch geradeaus schauen!

Sehr guter Sitz im schwungvollen Trab, lediglich der Blick nach unten wäre zu bemängeln.

Der Trab ist aufgrund seiner schnelleren Auf-Abwärtsbewegung schwieriger und unbequemer auszusitzen. Wichtig ist, dass Ihr Oberkörper aufrecht und im Gleichgewicht bleibt. Lassen Sie Ihre Beine und Ihr Becken locker und entspannt. Drücken Sie Ihre Gesäßknochen in den tiefsten Punkt des Sattels. Der Schwung der Rückenbewegung des Pferdes sollte zwischen Becken und Brustkorb abgefedert werden; deshalb ist eine gleichmäßige Atmung wichtig. Wenn Sie die Luft anhalten, verkrampft sich die gesamte Bauchmuskulatur und ein lockeres Mitschwingen des Beckens mit der Bewegung des Pferdes ist nicht mehr möglich. Die Fersen bilden mit Hüft- und Schulterknochen eine senkrechte Linie.

Folgende Tipps helfen, Fehler zu vermeiden:

- Fallen Sie mit Ihrem Oberkörper weder nach vorne noch nach hinten, verkrampfen Sie nicht in der Bauch- und Beckenmuskulatur.
- Atmen Sie ruhig und gleichmäßig.
- Klemmen Sie nicht die Beine ans Pferd und ziehen Sie die Knie nicht hoch.

Anfänger verlieren sehr oft die Steigbügel, da sie die Knie hochziehen und sich am Sattel festklammern. Hat man anfangs das Gefühl, aus dem Gleichgewicht zu geraten, dann liegt das daran, dass man normalerweise kopflastig ist. Hier hilft eine gedankliche Übung: Man stellt sich vor, man ist ein „Stehaufmännchen" – unten ganz schwer und oben ganz leicht. Man hat einen Bleiklumpen in den Füßen und einen Stein im Bauch. So „ausgestattet" kann man gar nicht vorne überkippen. Durch diese Vorstellung vergisst man, sich zu verkrampfen und lernt zu spüren, was es heißt, im Schwerpunkt zu sitzen.

Wann immer Sie in der Bewegung in den Sattel hineinplumpsen, versuchen Sie als Korrektur Ihr Steißbein gegen den tiefsten Punkt der Cantle zu pressen, dies lässt Ihr Becken abkippen und verhindert ein Hohlkreuz (siehe auch Seite 82).

Der Jog

Der Jog ist eine typische „Westernpferde-Gangart“, nämlich ein langsamer Trab mit sehr geringer Schwingung des Pferderückens. Entsprechend bequem ist er für den Reiter auszusitzen und daher sehr gut zum Erlernen des Aussitzens geeignet. Der Jog kostet sowohl Pferd als auch Reiter wenig Kraft, da der Schwung und Raumgriff nicht sehr groß ist. Er ist somit ideal, um große Distanzen zurückzulegen, ohne dass Pferd und Reiter zu schnell ermüden. Der Jog ist eine völlig entspannte, losgelassene Trabvariante, die nicht mit dem nervösen „Zackeln“ zu verwechseln ist, welches nervöse Pferde gerne an Stelle eines sauberen Schritts an den Tag legen.

Das Leichttraben

Das Leichttraben sollte zunächst an der Longe trainiert werden.

Beim Leichttraben hebt man bei jedem zweiten Tritt im Takt des Pferdes den Oberkörper und das Gesäß aus dem Sattel, indem man in den Steigbügeln aufsteht. Wenn im Trab in der Bahn das äußere Vorder- und innere Hinterbein vorschwingen, so heben Sie sich in der Bewegung des Pferdes aus dem Sattel; fußt das Vorderbein auf, so sitzen Sie wieder weich in den Sattel ein. Der Oberkörper wird dabei leicht nach vorne gelehnt, damit das Aufstehen aus und Wiedereinsitzen in den Sattel eine weiche, flüssige Bewegung ist. Man steht nur so weit auf, wie es sich aus dem Schwung des Pferdes ergibt. Wird das Pferd im Trab schneller oder langsamer, so passt sich die Bewegung des Reiters dem Tempo an. Die Fersen bleiben gerade im Lot zum Becken, die Waden halten leichten Kontakt zum Pferdekörper.

Die Gangart Jog in der Pleasure-Prüfung, einer Disziplin, in der die Gangarten bewertet werden.

Sitzen auf dem inneren Hinterfuß – Fuß am Boden.

Aufstehen mit der Vorwärtsbewegung des inneren Hinter- und äußeren Vorderbeins.

Beim Leichttraben in der Bahn wird stets auf dem inneren Hinterbein getrabt, d.h. Sie heben sich aus dem Sattel, wenn dieses Bein gemeinsam mit dem äußeren Vorderbein vorschwingt und sitzen ein, wenn es auffußt und Gewicht aufnimmt. Beim Richtungswechsel (Handwechsel) wird automatisch auch der Fuß gewechselt, auf dem man leichttrabt. In dem man statt einem Tritt zwei Tritte aussitzt, kommt man auf den anderen Fuß. So kommt es zu keiner dauerhaften Belastung desselben Beinpaares. Daher sollte man auch im Gelände auf langen Geradeausstrecken den Fuß öfters wechseln.

Haben Anfänger Probleme, aus dem Sattel zu kommen, so liegt es meist daran, dass sie im Stuhlsitz sitzen, d.h. sie haben die Beine zu weit vorne und Gesäß und Oberkörper zu weit hinten im Sattel.

Hier erleichtert ein verstärktes 'Nachvorne-neigen' des Oberköpers dem Anfänger die Sache.

Fehler: Oberkörper zu weit vorne, dadurch wandern die Schenkel zu weit zurück.

Fehler: Stuhlsitz, Oberkörper zu weit hinten. Außerdem trabt der Reiter hier auf dem falschen Fuß; er sitzt ein, wenn das äußere Hinterbein am Boden ist.

Der Galopp

Der Galopp ist eine Dreitaktgangart, die dem Reiter ein rollendes Gefühl vermittelt.

Sie sitzen mit geradem Oberkörper, zurückgenommenen Schultern und leicht angespanntem Kreuz, wobei das Becken locker bleibt und mit der Bewegung des Pferdes mitschwingt.

Die Gesäßknochen suchen den tiefsten Punkt des Sattels. Ansonsten sitzen Sie passiv und locker und gehen im Becken locker mit der Bewegung mit. Je ruhiger der Oberkörper dabei ist, desto besser (Hollywoodschaukel)!

Guter tiefer Sitz im Galopp, perfekte Beinposition, leichte Hand, nur fehlt wieder der Blick geradeaus.

Schwungvoller Galopp mit gut untersetzender Hinterhand.

Die Galopphilfen

Anders als beim Schritt und beim Trab muss der Reiter bei der Hilfengebung zum Galopp darauf achten, dass das Pferd auf der richtigen Hand anspringt, also auf der rechten Hand im Rechtsgalopp und auf der linken Hand im Linksgalopp.

Das Pferd muss also so gestellt werden, dass es automatisch im korrekten Galopp anspringt. Der Reiter muss darauf achten, dass im Moment des Angaloppierens das innere Vorderbein des Pferdes frei nach vorne ausgreifen kann, da der Schwung des Antretens diagonal durch den Pferdekörper verläuft, also von hinten außen nach vorne innen.

Stellen Sie das Pferd zuerst minimal nach innen. Dann führen Sie den äußeren Zügel vom Pferd weg und bewegen die Vorhand durch Druck mit dem inneren Schenkel am Bauchgurt etwas nach außen.

Der äußere Schenkel wird zwei Handbreit hinter dem Bauchgurt angelegt und drückt die Hinterhand leicht nach innen.

Ist das Pferd auf diese Weise durch Zügel und Schenkelhilfen vorbereitet, erhöhen Sie den Schenkeldruck und geben die Zügel etwas nach. Nun geben Sie das Stimmkommando für Galopp, welches Ihr Pferd bereits vom Longieren her kennt. Lassen Sie dem Kopf des Pferdes nach vorne Luft und versammeln Sie es erst, wenn es sich im Galopp von selbst dafür anbietet, d.h. Takt und Gleichmäßigkeit in der Bewegung gefunden hat. Ziel ist es aber, ein Pferd so weit zu bringen, dass es ohne Unterbrechung der Versammlung angaloppiert.

Die Hilfe für das Angaloppieren ist sowohl aus dem Schritt als auch aus dem Trab die gleiche. Naturgemäß fällt es dem Pferd jedoch leichter, aus dem Trab anzugaloppieren. Es soll sich aber nie angewöhnen, das Tempo im Trab so lange zu steigern, bis es schließlich in den Galopp fällt. Es wird

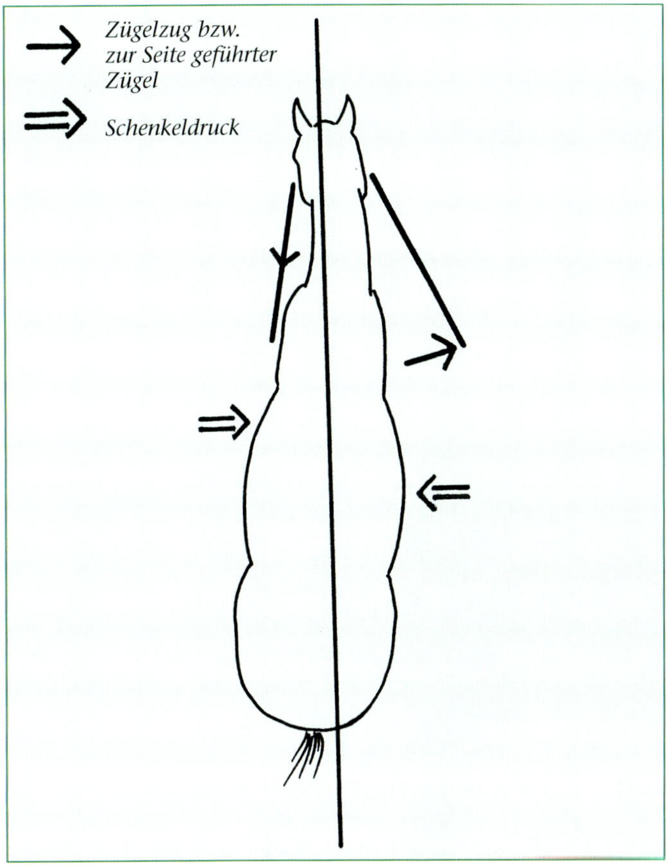

Hilfen zum Herstellen der „natürlichen Schiefe", die einem Pferd das richtige Angaloppieren erleichtert.

stets aus dem ausgesessenen Trab heraus angaloppiert, nie aus dem Leichttraben, da in beiden Fällen durch mangelhaften, da nicht festen Sitz eine korrekte Hilfengebung und Stellung des Pferdes schwer möglich ist.

Das Durchparieren

Auch für die Verlangsamung des Tempos bzw. den Wechsel in die nächstniedrigere Gangart müssen korrekte Hilfen angewandt werden. Sowohl beim Durchparieren als auch beim Anhalten soll das Pferd sein Tempo abbremsen, indem es sein Gewicht auf die Hinterhand verlagert und in der Vorhand leicht wird. Keinesfalls sollte es ruckartig, „stotternd" mit den Vorderbeinen abbremsen.

Wollen Sie vom Galopp in den Trab durchparieren, so nehmen Sie zunächst mit beiden Zügel stärkeren Kontakt zum Pferdemaul auf, üben aber zugleich mehrere Galoppsprünge lang vermehrten Schenkeldruck aus, bis das Pferd im Genick nachgibt.
Dadurch schiebt sich die Hinterhand noch besser unter den Körper. Dann nehmen Sie Ihren Oberkörper leicht zurück und lassen gleichzeitig die Schenkel locker. Sobald das Pferd im Trab läuft, geben Sie die Zügel wieder nach und unterstützen die Trabbewegungen mit leichtem Anlegen der Waden. Wichtig ist, dass Ihr Oberkörper sich sofort auf den anderen Rhythmus einstellt, das Becken locker mitschwingt, und dass Sie mit Ihrem Sitz den Übergang zwischen den Gangarten weich aufnehmen.

Für das Durchparieren vom Trab in den Schritt geben Sie ebenfalls diese Hilfen.

Auch das Durchparieren vom Galopp in den Schritt wird mit diesen Hilfen geritten, der Kontakt zum Pferdemaul bleibt jedoch so lange bestehen, bis sich das Pferd im Schritt befindet. Achten Sie darauf, die Zügel sofort nachzugeben und den Oberkörper wieder gerade zu richten, wenn das Pferd in der gewünschten Gangart läuft, und unterstützen Sie diese Gangart – wenn notwendig – mit den entsprechenden Signalen.

Das Anhalten

Die Hilfengebung zum Anhalten ist in allen drei Gangarten gleich. Lediglich die Intensität und Dauer unterscheiden sich. So genügen zum Anhalten aus dem Schritt eine leichte Anlehnung an den Zügel und eine kaum wahrnehmbare Gewichtshilfe, während zum Anhalten aus dem Galopp der Zügeldruck und die Gewichtsverlagerung stärker ausgeprägt sind.

Dieses Durchparieren aus dem Galopp hat noch nichts mit dem Sliding Stop eines ausgebildeten Reiningpferdes zu tun. Beim Sliding Stop rutscht das Pferd mit den Hinterbeinen unter den Körper, während es mit der Vorhand weitertrabt, bis der Schwung abgebremst ist und das Pferd bis zum Stillstand „slided" (rutscht); im Idealfall geschieht dies ohne Zügelkontakt.

Das Becken in normaler Sitzposition.

Das abgekippte Becken.

Zum Anhalten wird zunächst beidseitiger Druck im Pferdmaul aufgebaut, während die Schenkel das Pferd noch in der Bewegung vorwärts treiben. Dann wird der Oberkörper mit angespannter Bauchmuskulatur leicht nach hinten gelehnt, wobei das Becken nicht mehr mit der Bewegung mitschwingt, sondern nach hinten abgekippt und tief und schwer in den Sattel gedrückt wird. Diese Hilfen werden durch ein Stimmkommando unterstützt, welches das Pferd idealerweise schon beim Longieren gelernt hat.
Erst, wenn Ihr Pferd absolut ruhig steht, werden die Zügel nachgegeben.

So sieht dann das ganze Anhalten aus:

*Rechts oben:
George Maschalani mit „Little Big Boss".*

*Und Jahre später:
Rechts unten: Wie der Vater, so die Tochter, wie der Lehrer, so der Schüler. Hier Sven Weiler auf „FR BossANova".*

123

reier & Hömer
eischgroßhandel
fenbach-Tel.06348/8211-12 6730 Neustadt Tel.06321
Lösch
Für das
73

Das Rückwärtsrichten

Wie bei der Erläuterung der Gangarten schon erwähnt, hat das Rückwärtsrichten beim Training jedes westerngerittenen Pferdes eine große Bedeutung.

Das korrekte, flüssige Rückwärtsrichten unterstützt die Versammlung des Pferdes und fördert das ausbalancierte, vermehrte Untertreten der Hinterbeine unter den Körper. Außerdem stärkt es Rücken und Hinterhand des Pferdes.

Vor dem Rückwärtsrichten muss das Pferd gerade und im Gleichgewicht stehen.

Mit aufgerichtetem Rücken und leicht nach hinten abgekipptem Becken sitzen Sie nun im tiefsten Punkt des Sattels ein, wobei der Oberkörper leicht nach hinten gelehnt wird. Dabei nehmen Sie leichten Kontakt zum Pferdemaul auf und üben mit beiden Schenkeln gleichmäßigen Druck aus. Das Pferd soll dabei im Genick nachgeben.

Das Pferd wird auf diese Weise zwar mit dem Schenkeldruck nach vorne getrieben, aber durch die anstehenden Zügel begrenzt. Also weicht es nach hinten aus. Sobald es dies tut, lassen Sie den Zügeldruck etwas nach, geben aber weiter Schenkeldruck. Weicht Ihr Pferd nicht flüssig nach hinten, so nehmen Sie die Zügel wieder stärker an und treiben vermehrt mit den Schenkeln. Nach einigen Schritten geben Sie die Zügel ganz nach, setzen sich wieder aufrecht in den Sattel und halten somit das Pferd an.

Beim Rückwärtsrichten ist es wichtig, das Pferd zunächst langsam und mit wenigen Schritten daran zu gewöhnen. Erst allmählich werden Tempo und Distanz gesteigert. Versuchen Sie niemals, Ihr Pferd mit

So soll es nicht aussehen: Rückwärtstreten ohne „Rücken", schlechter Sitz des Reiters.

Hier sieht man schön die diagonale Fußfolge beim Rückwärtsrichten. George Maschalani mit „Charcool" im Trail.

den Zügeln nach hinten zu ziehen, es würde daraufhin nur mit Gegendruck reagieren!

Rückwärtsrichten sollte zwar Bestandteil jeder Trainingseinheit sein, übertreiben Sie es jedoch nicht. Es besteht sonst die Gefahr, dass das Pferd sich angewöhnt, rückwärts zu gehen, um sich Ihren Hilfen zu entziehen, sobald Sie die Zügel annehmen. Ein anderer Fehler ist das Rückwärtstreten 'ohne Rücken'. Dabei nimmt das Pferd den Kopf hoch und drückt den Rücken weg. Es ist eine Folge von dem Versuch, ein Pferd am Zügel rückwärts ziehen zu wollen und wenn das Pferd nicht gelernt hat, bei anstehendem Zügel und treibenden Schenkeln im Genick nachzugeben. Ohne Rücken wird ein Pferd nie schnell und flüssig rückwärts gehen können, da es die Hinterbeine nicht weit unter den Bauch schieben kann.

KAPITEL 17

Die Lenkung

Ein Pferd läuft nicht seiner Nase nach! Ein Pferd läuft dorthin, wo seine Bugspitze hinzeigt. Heerscharen von unglücklichen Anfängern haben die Erfahrung gemacht, dass so sehr sie auch am rechten Zügel ziehen, das dumme Tier immer noch geradeaus läuft. Da kommt uns das Bild vom Hengst in freier Wildbahn in den Kopf, der mit Stolz zur Seite geworfenem Kopf vorwärts stürmt.

Merke:

Wollen wir ein Pferd lenken, so müssen wir seine Vorhand in die gewünschte Richtung bringen, nicht nur Hals oder gar nur Kopf.

Kontrolle der Vorhand des Pferdes

Das Longieren mit Dreieckszügel dient am Anfang der Ausbildung dazu, das Pferd in eine korrekte Stellung zu bringen.

Beherrscht unser Pferd die Lektionen an der Longe ohne Schwierigkeiten, bewegt es sich entspannt und gibt dem Druck des Ausbindezügels willig nach, dann können wir mit der Arbeit unter dem Sattel beginnen.

Der erste Schritt für Reiter und Pferd ist die korrekte Lenkung des Pferdes in jede gewünschte Richtung.

Deckhengst „Little Big Boss" – Superior Reining Horse

Die Zügelhilfen

Kopf, Hals, Schulter, Vorderbeine und Rumpf bis zum Sattelgurt bilden die Vorhand des Pferdes. Wollen wir das Pferd in eine bestimmte Richtung lenken oder wenden, so wirken wir zunächst auf die Vorhand ein. Dies geschieht durch Zügel-, Schenkel- und Gewichtshilfen des Reiters. Auch das ausgebildete Pferd wird im täglichen Training beidhändig sowohl unter Einwirkung des inneren als auch des äußeren Zügels gelenkt.

In der Biegung unter dem Reiter soll sich die gesamte Vorhand des Pferdes nach innen lenken lassen, nicht nur Kopf und Hals. Wir erreichen das dadurch, dass der äußere Zügel die leichte Innenstellung, die der innere Zügel gibt, begrenzt, indem er angenommen und am Hals angelegt wird. Achtung: Der innere Zügel stellt nur minimal, passend zur Biegung, die durch die jeweilige Zirkellinie verlangt wird. **Er lenkt nicht nach innen!** Der äußere Schenkel wirkt ebenfalls aktiv außen begrenzend auf das Pferd ein. So wirken an Hals und Rumpf anliegender Zügel bzw. Schenkel wie eine Leitplanke, die die Vorwärtsbewegung des Pferdes in die gewünschte Richtung ableiten! Der innere Schenkel liegt passiv am Pferd an und hilft bei Bedarf, die korrekte Stellung zu erhalten, sollte das Pferd in die Wendung, also nach innen fallen oder drängen. In diesem Falle treibt er das Pferd nach außen bzw. drückt den Rippenkasten nach außen. Dazu liegt er etwas weiter hinten an, als der äußere Schenkel, der dem Pferd ja die Richtung zeigen soll (Bugspitze in Fahrtrichtung drücken). Das Gewicht des Reiters ist innen, als weitere, die Wendung unterstützende Hilfe. So kann das Pferd von außen getrieben und durch die „Leitplankenkonstruktion“ abgelenkt unter das Gewicht laufen, was eine natürliche Reaktion ist. Den äußeren Zügel nennen wir den verwahrenden Zügel. Er hält stets Kontakt zum Pferdemaul und wird angenommen, um das Pferd daran zu hindern, sich eigenmächtig, ohne gewollten Einfluss des Reiters zu stellen bzw. die äußere Schulter nach außen wegzudrücken; unterstützt wird dies durch den anliegenden, wenn nötig treibenden, äußeren Schenkel.

Je nachdem, wie gut das Pferd nachgibt, variiert die Stärke der seitlichen Einwirkung. Der verwahrende Zügel auf der Außenseite darf jedoch nicht starr positioniert werden. Er gibt – stets Kontakt zum Pferdemaul haltend – so weit nach, wie es für die jeweils angebrachte Biegung des Pferdes notwendig ist (abhängig vom Kreisdurchmesser). Er wird aber auch angenommen, wenn das Pferd beim Lenken den Kopf vermehrt zur Brust nimmt und sich der Zügel dadurch ungewollt lockern würde.

Hier sieht man sehr schön den inneren, stellenden Zügel und den außen anliegenden, verwahrenden Zügel.

Durch diese beidseitige Zügelhilfe, bestehend aus dem angenommenen, verwahrenden äußeren Zügel und dem stellenden inneren Zügel wird die Vorhand stabilisiert, Schulter und Vorderbeine folgen Kopf und Hals unmittelbar in die Biegung.

Beim Lenken der Vorhand kommt es darauf an, dass die gesamte Vorhand zur Seite gebracht wird.

Ein häufig zu beobachtender Fehler ist die ausschließliche Anlehnung und Stellung am inneren Zügel. Dies bewirkt, dass das Pferd zwar Kopf und Hals stark nach innen stellt, die Schulterpartie jedoch gerade bleibt und die Vorderbeine „über die Biegung" hinauslaufen. Der Hals ist zu stark gebogen und behindert so die Beweglichkeit der inneren Schulter mit der Folge, dass das Pferd mit der Schulter nach außen drückt und erst verspätet auf die Lenkung reagiert.

Das Lenken mit dem „Leitplankensystem" bereitet das Pferd optimal auf das spätere „Neck-Reining", das einhändige Lenken des Pferdes durch Annehmen und -legen des äußeren Zügels an den Hals, vor sowie auf die Zügel unabhängige Lenkung durch den äußeren Schenkel.

Die Gewichtshilfe zur Unterstützung der Lenkung

Die Gewichtshilfe ist eine Verlagerung des Reitergewichtes zu jener Seite, in die der Reiter sein Pferd lenken möchte. Sie wird durch verstärktes Austreten des Steigbügels gegeben. Das Bein bleibt dabei im Lot und der Oberkörper des Reiters neigt sich nur minimal in die entsprechende Richtung. Auf keinen Fall darf der Reiter in der Hüfte oder Taille zur Seite abknicken!

Hilfengebung auf dem unerfahrenen Pferd

Zu Beginn der Ausbildung trägt das unerfahrene Pferd sein Hauptgewicht auf der Vorhand. Um sein Gleichgewicht zu wahren, „läuft" das Pferd jeder Gewichtsverlagerung „nach". Belastet der Reiter z.B. seinen rechten Steigbügel vermehrt, verlagert also sein Gewicht nach rechts, läuft das Pferd automatisch in diese Richtung.

Diese natürliche Reaktion muss sich der Reiter für seine spätere Hilfengebung zunutze machen.

Wichtig dabei ist, dass die Gewichtshilfen anfangs sehr kurz sind. Maximal 70 – 80 cm Seitwärtstreten unter der Verlagerung des Reitergewichtes sollten gefordert werden, dann setzt sich der Reiter wieder gerade.

Man sieht schön, wie das Pferd vorne übertritt, um sich auszubalancieren.

Hier macht sich der Reiter diese Gewichtshilfe im Spin zu Nutzen.

Dauert die Gewichtshilfe zu lange an, wird das Pferd unerwünschten Gegendruck aufbauen, um sein Gleichgewicht wiederzuerlangen. D.h., es läuft dann nicht mehr unter das Reitergewicht, sondern belastet verstärkt seine äußere Schulter und „driftet" in der „Biegung" nach außen ab.

Erst, wenn das Pferd Vertrauen zum Reitergewicht gefasst hat und nicht mehr mit Gegendruck reagiert, kann die Dauer der Gewichtsverlagerung gesteigert werden.

Die Hilfengebung zur korrekten Lenkung im Überblick

1. Der äußere Zügel wird leicht angenommen und an den Hals gelegt = verwahrender Zügel.
2. Unmittelbar danach wird der innere Zügel stellend angenommen, wobei der äußere Schenkel am Pferd anliegt und der innere Steigbügel leicht mit dem Reitergewicht belastet wird.
   Der Reiter sitzt dabei leicht nach innen.
3. Zeigt das Pferd keine Reaktion, wird die Gewichtsverlagerung sowie der Druck des äußeren Schenkels verstärkt. Versteht das Pferd selbst diese Botschaft nicht, so kann mit der äußeren Wade durch Klopfen am Pferd „treibend" eingewirkt werden.
4. Sobald das Pferd auf die Hilfen reagiert und in die gewünschte Richtung läuft, gibt der Reiter zur Belohnung die Zügel nach und lässt das Pferd wieder geradeaus gehen.

Richtige Ausführung und Korrektur

Die Einwirkung der Zügel auf beiden Seiten darf nie so stark sein, dass das Pferd in die nächstniedrigere Gangart fällt, stehen bleibt oder rückwärts weicht. Das Tempo verändert sich auch in der Biegung nicht!

Durch den angenommenen äußeren und den stellenden inneren Zügel übt der Reiter Druck auf das Pferdemaul aus, sodass es – wie bei der Longenarbeit gelernt – mit einem Nachgeben des Kopfes in Richtung Brust reagieren und „rund" wird.

Damit der äußere Zügel nicht durchhängt, mit der Folge, dass das Pferd den Hals zu stark nach innen biegen könnte, muss mit der äußeren Hand der Zügel nachgefasst werden, damit die Vorhand stabil bleibt.

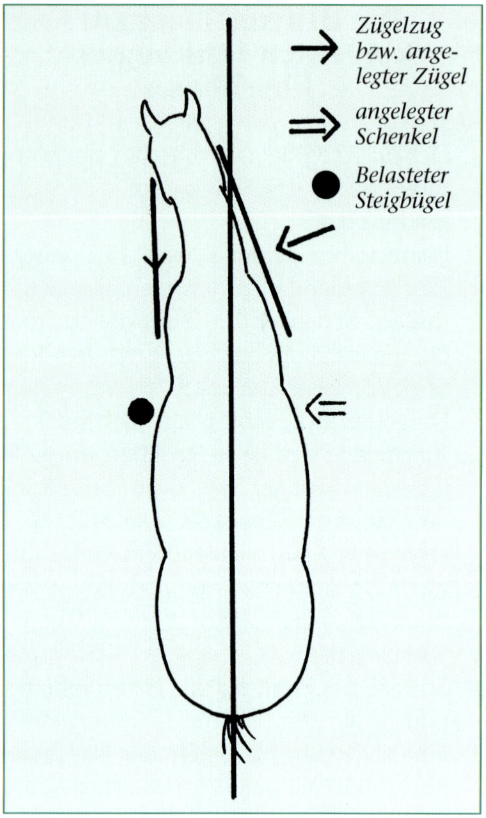

Es ist absolut wichtig, dass äußerer verwahrender und innerer stellender Zügel ständig miteinander „arbeiten", d.h. aufeinander abgestimmt werden. Es darf nie passieren, dass der innere Zügel zu sehr zieht und das Pferd dadurch im Hals abknickt, ohne die Schulter bzw. die Vorhand mit nach innen zu nehmen. Hier muss sofort der äußere Zügel reagieren und durch vermehrtes Anlegen bzw. Annehmen die Schulter mit nach innen führen und so das „Gleichgewicht" zwischen beiden Zügeln wiederherstellen.

Wird der äußere Zügel jedoch zu stark verkürzt, besteht die Gefahr, dass das Pferd langsamer wird oder gar anhält.

Auch für das Lenken und die damit verbundene Kontrolle der Vorhand gilt: Alle Übungen werden zunächst im Schritt geritten, bis das Pferd diese perfekt beherrscht. Danach folgt das Biegen im Trab und erst, wenn sich das Pferd im Trab ohne Probleme lenken lässt und auf die Hilfen einwandfrei reagiert, folgt die Galopparbeit. Treten Probleme auf, wird erneut in der nächstniedrigeren Gangart gearbeitet.

Wenn diese Methode, Ihr Pferd zu lenken, eine Umstellung für Sie und Ihr Pferd bedeutet, so sollten Sie diesen Lektionen viel Zeit widmen, um Ihre Hände sensibel auf die neue Technik umzustellen. Jeder Handgriff muss „sitzen", bevor Sie sich an schwierigere Manöver heranwagen. Da die Kontrolle der Vorhand jedoch nur mit korrekter Hilfengebung zu erreichen und die Basis für alle späteren Lektionen und die Umstellung auf die einhändige Zügelführung ist, trainieren Sie sich und Ihr Pferd, bis die Übungen einwandfrei funktionieren.

Die Übungen

1. Das Quadrat

Sie reiten Quadrate im Wechsel rechts und links herum. Bei der Schrittarbeit sind die Seiten anfangs ca. 20 m, später nur noch ca. 8 m lang. Achten Sie darauf, dass das Pferd nach der Biegung wieder auf gerader Linie gerade gestellt weiterläuft.

2. Das Dreieck

Reiten Sie eine Acht mit geraden Seiten, daraus entsteht eine Figur aus zwei Dreiecken, die ineinander übergehen. Der Wechsel von einer Hand auf die andere erfolgt nun fließend. Auch hier sollen die Seitenlängen wieder kontinuierlich verkleinert werden.

3. Das Sechseck

Das Reiten eines Sechsecks bereitet auf die spätere Arbeit auf dem Zirkel vor. Die Seiten des Sechsecks sollten ca. 10 m lang sein, also erfolgt nach jeweils 10 m eine leichte Biegung mit folgender Geradestellung.

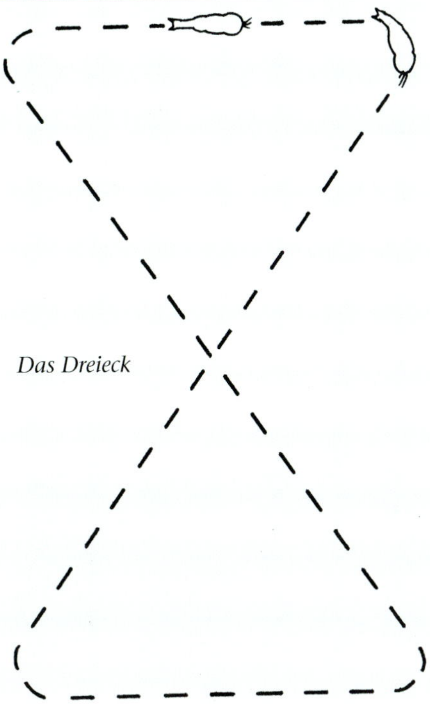

Das Dreieck

Die Seiten aller Figuren sollten nach einigem Üben im Schritt ca. 8 m, im Trab ca. 14 m und im Galopp ca. 18 m lang sein. Nach jeder gerittenen Figur sollte ein Handwechsel erfolgen, damit das Pferd die Übungen nicht „automatisch" macht (antizipiert). Für den Reiter verbessert ein häufiger Richtungswechsel zudem die Routine in der Hilfengebung.

In der Galopparbeit werden alle Figuren einmal geritten, dann erst erfolgt ein Handwechsel.

Der Zeitrahmen, bis Sie und Ihr Pferd die Kontrolle der Vorhand harmonisch und problemlos beherrschen, variiert je nach Ausbildungsstand. Deshalb können hier nur Anhaltspunkte gegeben werden; die angegebene Dauer bezieht sich jeweils auf ein junges oder umzustellendes Pferd.

Schrittarbeit: ca. 6 Tage à 20 Minuten,
Trabarbeit: ca. 3 Wochen à 15 Minuten,
Galopparbeit: ca. 90 Tage à bis zu 20 Minuten.

Für die Galopparbeit gilt natürlich, dass je nach Kondition des Pferdes alle 3 Minuten bis zu sechs Schrittpausen eingelegt werden, damit das Pferd nicht überansprucht wird. Dies gilt besonders für junge Pferde!

Die Bahnordnung

Wenn auch in Westernreiterkreisen nicht üblich und oft mit der Begründung abgelehnt, „ich habe mein Pferd blitzschnell unter Kontrolle und kann ausweichen", so sollte man sie doch kennen, die geltenden Bahnregeln. Und auch anwenden, besonders, wenn man sich mit Klassisch-Reitern eine Bahn teilt. Auch das ist Horsemanship!

Viele Klassisch-Reiter haben ein ungutes Gefühl , da sie die Manöver der Westernreiter nicht kennen und deren zum Teil rasanten Richtungsänderungen nicht voraussehen können. Wir sollten darauf Rücksicht nehmen und nicht wie „Cowboys" auftreten.

Reitet man ausschließlich mit Westernreitern in der Bahn, so sollte man kurz klären, ob sie die Bahnregeln kennen und sich abstimmen, wer wann Vorfahrt hat.

Ansonsten gelten folgende Regeln:

Vor dem Betreten des Platzes oder der Halle kündigt man sich und sein Pferd mit dem Ruf „Tür frei?" an und wartet auf die Antwort „Tür ist frei!". Jeder weiß dann, dass ein weiteres Pferd in die Bahn kommt und kann sich und sein Pferd darauf vorbereiten. Der Eingang wird dann für den Neuankömmling freigehalten, und er kann ungehindert eintreten.

Das Auf- und Absitzen findet in der Mitte eines Zirkels statt. So wird der Hufschlag (die Spur, auf der geritten wird) nicht blockiert. Es gibt mehrere Hufschläge: Der „erste" Hufschlag führt außen an der Wand (Bande) entlang, der „zweite" ungefähr 1 m weiter innen, der „dritte" wiederum 1 m weiter innen. Auf dem ersten und zweiten Hufschlag werden Trab und Galopp geritten, der dritte wird für Schrittarbeit und Anhalten genutzt. So kommen sich schnelle und langsame Reiter nicht in die Quere.

Befindet sich ein Reiter „auf der rechten Hand", so zeigt seine rechte Seite nach innen; reitet er auf der „linken Hand", so zeigt seine linke Seite nach innen zur Bahnmitte.

Begegnen sich zwei Reiter, so weicht jeder nach rechts aus, d.h. ihre rechten Seiten sind außen, während die linken Seiten einander zugewandt sind.

Reiter, die sich auf dem Hufschlag befinden, haben immer Vorfahrt, während die Reiter, die einen Zirkel reiten oder die Hand wechseln, ausweichen müssen.

Dies sind die Grundregeln, die in jeder Reitbahn gelten. Als Anfänger oder Geländereiter ist es wichtig, sich die dazugehörigen Begriffe einzuprägen, denn sie sind die Basis zum Verständnis der Kommandos, die der Reitlehrer erteilt.

Kommen sich zwei Reiter entgegen, so passiert man sich jeweils mit der „linken" Schulter einander zugewandt.

KAPITEL 18

Die Versammlung

Wie eingangs bereits erwähnt, spielt die Versammlung des Pferdes auch beim Westernreiten eine entscheidende Rolle. Versammelt werden muss ein Pferd besonders dann, wenn es nicht in der Lage ist, von Natur aus im Gleichgewicht zu gehen und „auseinander fällt", d.h. mit den Hinterbeinen nicht genügend unter seinem Körper läuft.

Außerdem wird ein Pferd immer dann versammelt, wenn es für eine neue Aufgabe (Wechsel der Gangart, Galoppwechsel etc.) vorbereitet werden soll und seine vermehrte Aufmerksamkeit erwünscht ist.

Wann läuft ein Pferd versammelt?

Eine ausreichende Versammlung ist erreicht, wenn das Pferd 50% seines Körpergewichtes auf der Vor- und 50% auf der Hinterhand trägt. Da – wie schon erwähnt – die Vorhand durch Hals und Kopf mit 60% des Körpergewichtes schwerer ist, ist das Pferd von Natur aus vorlastig und muss dementsprechend durch die Versammlung unter dem Reiter gymnastiziert werden, damit es im Gleichgewicht läuft.

Wie erreiche ich, dass mein Pferd im Gleichgewicht läuft?

Die Versammlung ist das Ergebnis des Zusammenspiels dreier Hilfen: Zügelhände – treibende und gerade richtende Schenkel – aktives Becken. Die Zügelhand soll während des Versammlungsaktes eine gleichmäßige, elastische Verbindung zum Pferdemaul halten, weich, bei Bedarf fester werdend. Die Schenkel halten das Pferd gerade und treiben es rhythmisch vorwärts. Sie aktivieren besonders die Hinterhand, die die Schubkraft des Pferdes bringt. Das Becken hält durch aktive Einwirkung die Bewegung aufrecht, als Gegenspieler zu den vorne begrenzenden Händen, die ohne treibende Hilfen lediglich bewirken würden, dass das Pferd sein Tempo verlangsamt. Dies darf bei der Versammlung aber keinesfalls passieren.

Das Pferd hat bereits gelernt, bei angenommenem Zügel im Genick nachzugeben und auf treibende Schenkelhilfen mit vermehrtem Vorwärts-/Untertreten der Hinterbeine zu reagieren.

Sie sitzen für die Versammlung tief in den Sattel ein und nehmen die Zügel an, bis das Pferd im Genick nachgibt.

Der Oberkörper leicht zurückgeneigt, die Muskulatur des Beckens und des unteren Rückens ist locker; dadurch wird das Becken

Zupft man lediglich an der Spitze einer Gerte, so knickt sie dort vorne, da hier dünner, leicht ab (– Pferdegenick), der Rest bleibt unberührt gerade. Schiebt man aber das Ende mit dem Handstück in Richtung Spitze und hält diese lediglich fest, so wölbt sich die ganze Peitsche.

beweglicher, während Arme und Hände stabil bleiben. Damit das Pferd verstärkt mit den Hinterbeinen unter seinen Körper tritt, treiben Sie mit beiden Waden, während die Zügelhände nach vorne hin eine federnde Begrenzung bilden, worunter aber nicht zu verstehen ist, dass Sie aktiv werden, d.h. anehmen, nachgeben, zupfen oder gar riegeln! Sie begrenzen lediglich, damit die Kraft, die durch verstärktes Treiben freigesetzt wird, nicht zu einer schnelleren Vorwärtsbewegung führt, sondern nach „oben" gerichtet wird, in eine Aufwölbung des Rückens, ein verstärktes Untertreten der Hinterbeine und überhaupt in eine bewusste, kraftvollere und damit qualitativ bessere Bewegung. Mit dem Aufwölben des Rückens geht ein Anheben der Bauchdecke einher, sodass die Hinterbeine noch besser unter den Körper treten können. Besonders gut kann man den Unterschied am Galopp beobachten. Zum einen der vorwärts eilende, flache Galopp eines „auseinander gefallenen" Pferdes, der knapp am Viertakt ist und zum anderen der rund vorwärts aufwärts gesprungene Galopp mit Kraft aus einer gut untersetzenden Hinterhand. Mit einem flach „latschendem" Pferd ist ein korrekter fliegender Wechsel fast unmöglich. Ein Pferd durch Riegeln oder Zupfen lediglich dazu zu bringen, im Genick abzuknicken ist **keine** Versammlung. Der Rücken bleibt weggedrückt, die Hinterhand inaktiv. Durch das vermehrte Untertreten und die Begrenzung nach vorne verlagert das Pferd mehr Gewicht auf die Hinterhand und läuft im Gleichgewicht.

Ziel der Westernausbildung ist ein sich selbst tragendes Pferd. Das heißt, wir wollen die Versammlung nicht andauernd aktiv reiten, sondern das Pferd veranlassen, durch immer wieder aufnehmende und nachlassende Hilfen sich von selbst in der gewünschten Form zu bewegen. Habe ich also durch oben geschilderte Hilfen die Versammlung herbeigeführt, so lasse ich nach einigen Schritten locker und setze mit den Hilfen erst erneut ein, wenn das Pferd wieder „auseinander fällt".

In allen drei Gangarten versammelt laufendes Pferd. Nachgiebig im Genick und weit mit der Hinterhand unter dem Körper.

Die Kontrolle der Hinterhand – Schenkelhilfen

Die Lenkung und Kontrolle der Vorhand geschieht – wie wir nun gelernt haben – durch den stellenden sowie den verwahrenden äußeren Zügel. Neben der Kontrolle über die Vorhand ist es für den Reiter ebenso wichtig, mit entsprechender Hilfengebung auf die Hinterhand einwirken zu können.

Vor- und Hinterhand sind durch die Wirbelsäule, die sich bis zu einem gewissen Grad seitlich biegen kann, miteinander verbunden. Je nach Gymnastizierung des Pferdes wird die Biegung der Wirbelsäule ab einer bestimmten Intensität für das Pferd unangenehm. Durch Biegeübungen soll eine möglichst gute Gymnastizierung erreicht werden; hierfür ist es wichtig, dass nicht nur die Vorhand, sondern auch Mittelhand (der Rumpf) und Hinterhand mit einbezogen werden.

Erste Übung

Die erste Übung soll Ihnen das Grundprinzip der Hinterhandkontrolle verdeutlichen. Hierzu ist es hilfreich zu wissen, dass die Vorhand mit ca. 60 – 65% des Körpergewichtes des Pferdes deutlich schwerer ist als die Hinterhand und somit das Pferd den Rest seines Körpers stets an der Vorhand ausrichten wird. Sie sitzen auf dem Pferd und halten es in gerader Stellung an. Im Stehen stellen Sie mit dem rechten Zügel den Hals des Pferdes zur Seite. Je weiter das Pferd den Hals biegt, desto größer wird die Spannung auf die Wirbelsäule. Für das Pferd wird der wachsende Druck auf die Wirbelsäule ab einem bestimmten Grad der Biegung so unangenehm, dass es diesem entgehen möchte. Es wird versuchen, seine Wirbelsäule wieder gerade zu richten. Da Sie jedoch weiterhin mit dem Zügel den Hals gebogen halten und die Hinterhand

Man sieht gut, wie das Pferd mit dem linken Hinterfuß übergreift, um nach rechts zu treten – sich also gerader macht.

deutlich leichter ist als die Vorhand, geht das Pferd den Weg des geringsten Widerstandes und weicht mit der Hinterhand in die entgegengesetzte Richtung, also nach links aus, bis seine Wirbelsäule wieder gerade ist.

Biegen Sie den Hals des Pferdes nach links, so wird es mit der Hinterhand nach rechts weichen.

Zur Verstärkung der Hilfengebung durch die Hand wird der innere Schenkel eingesetzt („innen" und „außen" hat nicht zwangsläufig etwas mit Ihrer Position in der Reitbahn zu tun. Wenn hier von innerem und äußerem Schenkel die Rede ist, so bezieht sich dies auf die Stellung des Pferdes). Gleichzeitig mit der Zügelhilfe übt der innere Schenkel ca. zwei Handbreit hinter dem Gurt Druck auf den Rumpf des Pferdes aus.

Wichtig hierbei ist, dass die stellende Zügelhand und der druckerzeugende Schenkel sofort den Druck nachlassen und in die normale Position gehen, wenn das Pferd mit der Hinterhand weicht.

Diese Übung wird oft wiederholt, wobei der Hals kontinuierlich weniger gebogen wird, je früher das Pferd dem treibenden Schenkel weicht.

Der andere, nicht unmittelbar aktive Schenkel kontrolliert bei der Hinterhandkontrolle die Körperstellung des Pferdes. Dieser verwahrende Schenkel übt nur dann Druck aus, wenn das Pferd versucht, sich mit seiner Vorhand nach außen zu entziehen. Er liegt dazu am Bauchgurt an und fordert bei Bedarf zur Vorwärtsbewegung auf.

Nach ca. 2 Wochen wird das Pferd mit geradem Hals nur beim Anlegen des Schenkels mit der Hinterhand weichen.

Sie sollten diese Übung auf jeder Seite ca. fünfmal durchführen, insgesamt ungefähr 10 Minuten pro Trainingseinheit, wobei Sie dem Pferd zwischen jedem Schenkelweichen eine halbe Minute Pause zur Entspannung gönnen (stehen lassen).

Beherrscht Ihr Pferd diese Basisübung auf leichtes Schenkelanlegen, so können Sie zur Lektion 1 übergehen.

Die Hilfengebung

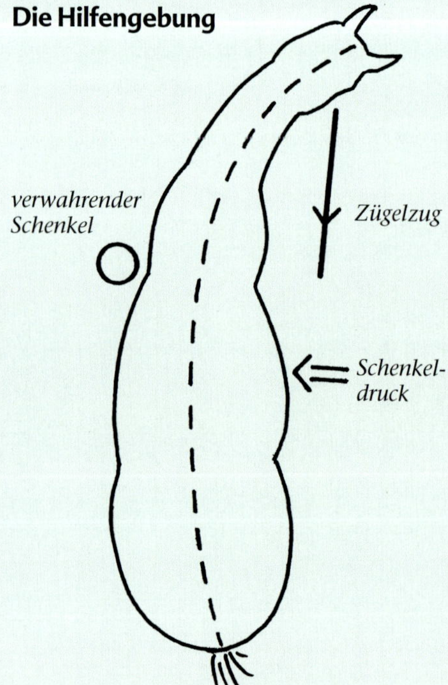

Lektion 1
Schenkelweichen aus dem Zirkel

Sie reiten im Schritt Zirkel mit einem Durchmesser von ca. 3 – 4 m. Ziel ist es, die Hinterhand des Pferdes so zu beeinflussen, dass diese einen größeren Zirkel beschreibt als die Vorhand.

Hierzu beginnen Sie mit Zirkeln auf der rechten Hand, das Pferd läuft leicht nach innen gebogen genau auf der Zirkellinie. Innerer Zügel und Schenkel (dieser liegt in der Normalposition am Bauchgurt) biegen das Pferd, während der äußere Zügel durch leichten Kontakt zum Pferdemaul und gegebenenfalls Anlegen an den Hals einer zu starken Biegung bzw. einem Ausbrechen der Vorhand nach außen (s. Lenken) vorbeugt. Der äußere Schenkel wird verwahrend oder treibend eingesetzt und begrenzt Brustkorb und damit Schulter und Vorderbeine, damit diese die Zirkellinie einhalten.

Hat Ihr Pferd die gewünschte Ausgangsposition für die Übung erreicht, d.h. es läuft in sauberer Zirkellinie, so nehmen Sie die innere Zügelhand etwas in Richtung Ihres Körpers an, wobei das Pferd nicht nach innen laufen, sondern nur auf der Zirkellinie bleiben soll.

Der innere Schenkel übt nun zwei Handbreit hinter dem Gurt Druck aus und schiebt damit die Hinterhand des Pferdes nach außen.

Die Vorhand beschreibt nun einen kleineren Zirkel, die Hinterhand einen etwas größeren, wobei die inneren Beine das jeweils äußere leicht überkreuzen.

Pferd auf der Zirkellinie biegen.

Vermehrte Innenstellung.

Druck des inneren Schenkels deutlich hinter dem Gurt.

Pferd setzt an, den inneren Hinterfuß nach außen zu kreuzen.

Hier sieht man gut, wie die äußere Hand nach außen geführt wird, um das Pferd zu korrigieren, wenn es in den Zirkel „fallen" will.

Deutliches Nach-außen-Treten der Hinterhand.

Die Hinterhand läuft einen größeren Kreis – das innere Hinterbein setzt außerhalb der Hufspuren der Vorderhand auf.

Reagiert Ihr Pferd nicht auf die o.g. Hilfen, so müssen Sie etwas mehr Spannung auf die Zügel bringen und den inneren Zügel verstärkt annehmen. Die Verstärkung des inneren Schenkeldrucks erfolgt durch stärkeres „Klopfen" der Wade, bis das Pferd reagiert. Lassen Sie Ihr Pferd immer wieder nur ein paar Schritte weichen.

Am Punkt X, dem Mittelpunkt der Acht, stellen Sie ihr Pferd dann um, also diesmal nach links, und reiten diese Übung anders herum.

Lektion 2
Schenkelweichen an der Bande

Ziel dieser Übung ist, das Pferd mit dem Körper im 90-Grad-Winkel zur Außenbande gestellt seitlich weichen zu lassen.

Später kann dieses seitliche Schenkelweichen z.B. über eine Stange geübt werden.

1. Pferd stellen, Druck mit linkem Schenkel aufbauen
2. Pferd nimmt die Hinterhand nach außen. Um die Vorwärts-Rechtsbewegung zu erhalten, rechten Steigbügel belasten, Gewicht nach rechts nehmen (unters Gewicht laufen lassen) und mit dem rechten Zügel die Richtung weisen.
3. Hat das Pferd begriffen, was wir von ihm wollen, kann die rechte Hand wieder in Richtung Pferd wandern. Das hat den Vorteil, dass wir nun mit dem rechten Zügel die Vorhand begrenzend kontrollieren können, d.h. sie links bzw. außen an der Bande halten können. Meist haben Pferde beim Schenkelweichen die Angewohnheit, mit der Vorhand der Hinterhand „davonzulaufen" und kommen von der Bande weg und somit zu gerade. Je besser das Pferd die Übung beherrscht, desto gerader können wir es in sich stellen (Kopf/Hals).

Sie reiten auf der rechten Hand in gerader Stellung ca. 10 m geradeaus an der langen Seite der Bande entlang. Dann nehmen Sie mit beiden Händen Kontakt zum Pferdemaul auf, wobei der linke Zügel den Kopf zur Bande stellt. Der linke Schenkel drückt hinter dem Sattelgurt, bis der Pferdekörper ungefähr im 30-Grad-Winkel schräg zur Bande steht (30-Grad-Abstellung). Nun wird der rechte Zügel mit ausgestrecktem Arm nach rechts geführt, was ein ungewolltes Abbiegen des Pferdes nach links verhindert. Er weist dem Pferd die Richtung der Bewegung.

Auch hier wird die natürliche Steifheit des Pferdes ausgenutzt. Es versucht, eine übermäßige Biegung des Halses mit Ausweichen der Hinterhand auszugleichen. Der rechte Schenkel liegt in Normalposition locker am Pferd, es sei denn, er muss treibend eingesetzt werden. Das Reitergewicht ist rechts, d.h. wir sitzen verstärkt auf der rechten Pohälfte und belasten den rechten Steigbügel vermehrt.

Je mehr der linke Zügel angenommen und Druck mit dem linken Schenkel weiter hinten am Pferd ausgeübt wird, desto größer wird der Winkel, in dem sich das Pferd von der Bande abstellt; anfangs sollte er jedoch nicht mehr als 30 Grad betragen.

Wichtig ist bei dieser Übung die stete Vorwärts-Seitwärts-Bewegung des Pferdes, die Sie mit Stimme und beidseitigem Schenkeleinsatz forcieren können.

Sollte das Pferd stehen bleiben, so war die Stellung des Kopfes zur Bande hin zu stark; also reiten Sie erneut ein Stück geradeaus und beginnen Sie nochmals von vorne.

→ *Zügelzug bzw. zur Seite geführter Zügel*

⇒ *Angelegter Schenkel und Reitergewicht*

● *belasteter Steigbügel*

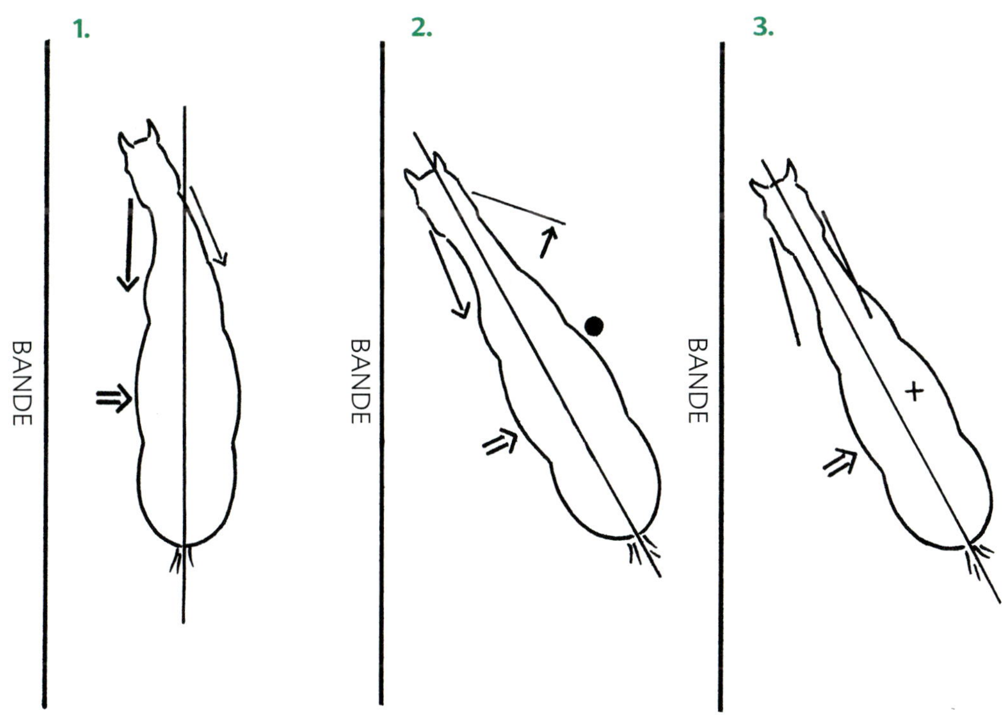

Außenstellung einleiten.

Linker (innerer) Schenkel drückt – Pferd kommt schräg zur Bande.

Das Pferd hat den gewünschten Winkel erreicht.

Herumschwenken der Hinterhand.

Das Pferd steht in der entgegengesetzten Richtung. Hat es die Aufgabe korrekt ausgeführt, belohnen wir es mit einer Pause und setzen dann die Übung auf der anderen Hand fort.

Um eine zu starke Stellung zu verhindern, können Sie den rechten Zügel vermehrt einsetzen, die linke Wade kann vermehrt „treibend" („klopfend") eingesetzt werden. Verstärkt werden die Hilfen mit der Gewichtsverlagerung auf den rechten Steigbügel, später genügt ein Rechtssitzen.

Ungefähr 5 m vor Ende der langen Seite nehmen Sie dann den linken Zügel vermehrt an und drücken die Hinterhand des Pferdes mit dem linken Schenkel zur Bahninnenseite, sodass das Pferd herumschwenkt und in die entgegengesetzte Richtung schaut.

Nach einer kurzen Pause beginnen Sie die Übung auf der linken Hand.

Dauer der Lektion

Die Übung wird in jeder Trainingseinheit drei- bis fünfmal pro Seite ausgeführt. Bis das Pferd sie ohne Probleme absolviert, benötigen Sie ca. 5 Tage.

Danach sollte diese Übung je 5 Tage mit 45-, 60-, 75- und 90-Grad-Stellung geritten werden.

Je besser Ihr Pferd diese Übung beherrscht, desto gerader können Sie es in sich stellen.

Ziel ist es, das Pferd mit gerader Längsachse in verschiedenen Winkeln zur Bande seitwärts zu reiten.

Beherrscht das Pferd die Übung im Schritt in der 90-Grad-Stellung einwandfrei, so beginnen Sie erneut mit einer 10-Grad-Stellung, diesmal jedoch im Trab, wobei hier die schrittweise Steigerung nur bis ca. 30 Grad erfolgen soll. Im Galopp, mit dem Sie erst beginnen, wenn das Pferd die Übung im Trab problemlos absolviert, verfahren Sie wie im Trab.

Schenkelweichen im Gelände.

KAPITEL 19

Die Vorhandwendung

Die Grundlagen für die Vorhandwendung haben Sie ansatzweise bereits beim Schenkelweichen kennen gelernt. Bei dieser Wendung läuft die Hinterhand um die Vorhand herum, wobei die Vorhand auf der Stelle tritt. Voraussetzung ist hierbei, dass das Pferd im Genick locker nachgibt und willig dem Druck des Schenkels weicht.

Lektion

Die Vorbereitung auf die Vorhandwendung ist ähnlich der Lektion 1 „Schenkelweichen“.

Sie reiten einen kleinen Zirkel (ca. 3 m Durchmesser) auf der linken Hand. Ihr Pferd läuft versammelt, d.h. bei angenommenem Zügel gibt es im Genick nach. Der rechte Zügel bleibt nun verwahrend stehen,

Vorbereitung zur Vorhandwendung:

Vorbereitung zur Vorhandwendung aus der Bewegung: kleiner Zirkel in Innenstellung.

Pferd vermehrt nach innen stellen, Schenkeldruck innen.

Äußerer, verwahrender Zügel.

Pferd tritt mit dem inneren Hinterbein vor das äußere nach außen. Die Vorderbeine beschreiben nur noch einen minimalen Kreis.

während der Kopf des Pferdes mit dem linken Zügel langsam nach innen gestellt wird. Gleichzeitig baut der linke, innere Schenkel zwei Handbreit hinter dem Sattelgurt langsam Druck auf, bis das Pferd verstärkt nach außen tritt. Daraufhin geben Sie den linken Zügel wieder nach, nehmen den Schenkeldruck weg und reiten in normaler Stellung auf dem Zirkel weiter.

Diese Übung sollten Sie alle 15 Sekunden ca. fünfmal auf jeder Seite wiederholen.

Beherrscht Ihr Pferd diese Lektion, können Sie diese im Stand üben. Sie geben hierzu dieselben Hilfen. Sobald das Pferd mit der Hinterhand zur Seite weicht, geben Sie die Zügel nach und nehmen den Schenkeldruck weg.

Wichtig ist, dass die Vorhand stehen bleibt, solange Sie Schritt für Schritt die Hinterhand herumdrücken. Bei der Vorhandwendung nach links kreuzt das linke Hinterbein des Pferdes über das rechte. Das äußere Vorderbein tritt um das innere Standvorderbein herum. Weicht Ihr Pferd auch mit der Vorhand nach rechts aus, so stabilisieren Sie diese mit dem äußeren rechten Zügel, indem Sie diesen annehmen, nach links bewegen und gegenhalten.

Zur Vorhandwendung nach rechts geben Sie diese Hilfen genau spiegelverkehrt.

Achtung! Die Richtung einer Wendung wird immer danach benannt, wohin der Kopf dreht. Vorderhandwendung nach links: Hinterhand weicht nach rechts, aber der Kopf dreht nach links!

Vorhandwendung aus dem Stand:

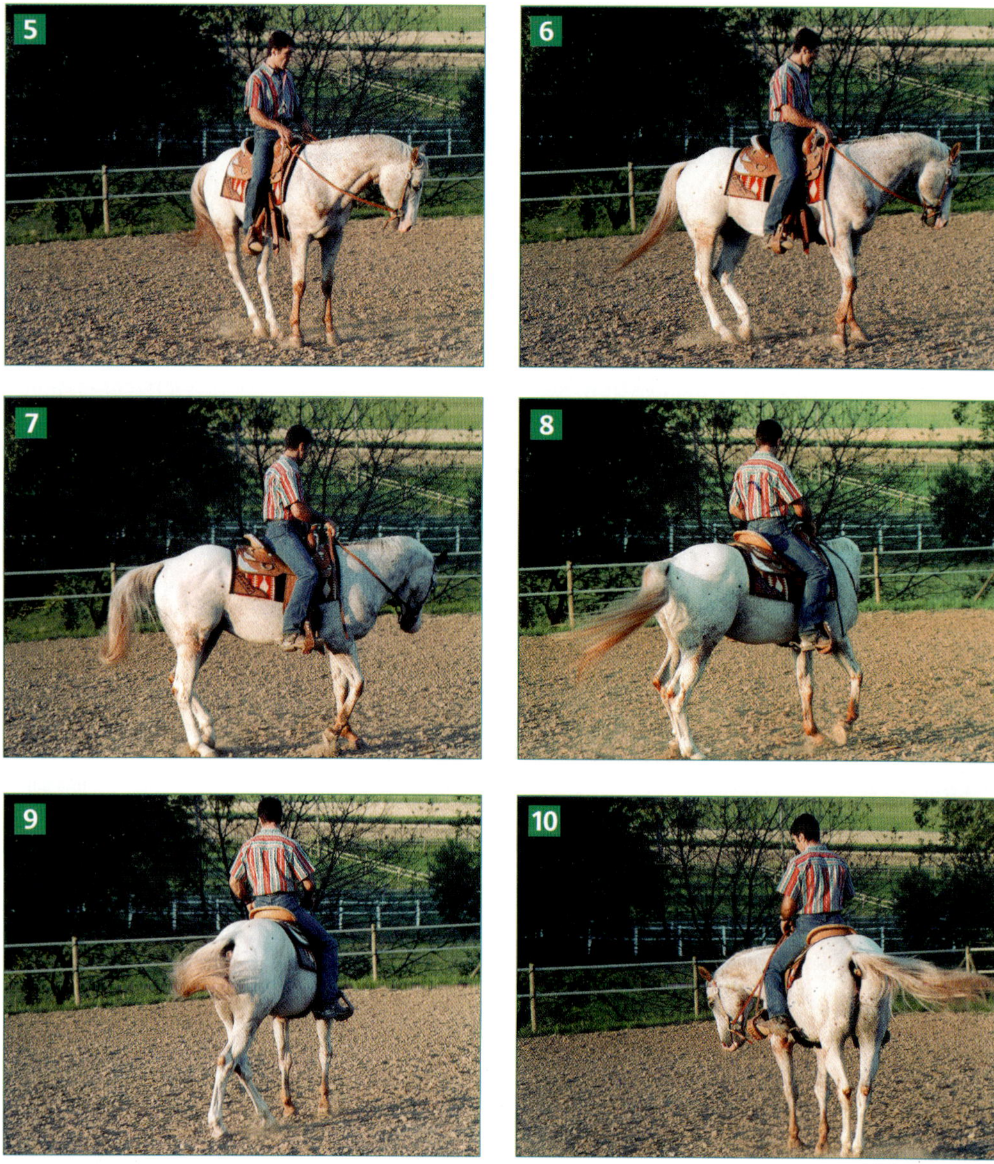

(Abb.1-10): Vorderhandwendung nach links aus dem Stand mit einem weiter ausgebildetem Pferd. Sauberes Vorne-Überkreuzen des Hinterbeines, das äußere Vorderbein tritt um das innere Standbein herum.

Die Hinterhandwendung

Auch die Hinterhandwendung ist eine gelaufene Wendung, wobei das Pferd hier mit der Vorhand um die Hinterhand herumläuft. Das innere Hinterbein ist dabei das Standbein, es dreht sich bei der Wendung auf der Stelle, während das äußere Hinterbein im Takt auf- und abfußt. Das äußere Vorderbein überkreuzt das innere. Wichtig ist, dass der Bewegungsrhythmus gleichmäßig ist und das Pferd nicht um seine Hinterhand herumspringt.

Voraussetzungen für die sauber gerittene Hinterhandwendung sind, dass die Vorhand des Pferdes sich mit entsprechenden Zügelhilfen leicht kontrollieren lässt und dass das Pferd mit gerade gestellter Wirbelsäule den Zügelhilfen – ohne sich über die äußere Schulter nach außen zu entziehen – unverzüglich folgt. Außerdem muss es dem angelegten Schenkel weichen können, ohne sich in der Wirbelsäule zu verbiegen. Es lässt sich leicht und mit gut untergesetzter Hinterhand rückwärts richten und gibt beidseitigem Zügeldruck willig nach.

Lektion

Auch die Hintrhandwendung wird zunächst aus der Bewegung geritten. Sie befinden sich auf dem Hufschlag, lange Seit, rechte Hand. Lassen Sie das Pferd in Versammlung mit gerader Wirbelsäule Schenkelweichen, sodass es von dr Bande in Richtung Bahnmittelpunkt diagonal vorwärts seitswärts tritt. In dieser Vorwärts-Seitwärts-Bewegung ist das korrekte Überkreuzen der Beine – in unserem Fall des linken Beines vor dem rechten – gesichert.

Nun geben Sie mit der linken Wade Schenkeldruck am Sattelgurt, halten das Pferd mit dem linken, verwahrenden Zügel gerade und führen die Vorhand des Pferdes am rechten Zügel mit zur Seite ausgestrecktem Arm nach rechts. Dabei wird der rechte Steigbügel vermehrt belastet. Achten Sie darauf, dass Sir Ihr rechtes Bein nicht nach vorne wegstrecken! Der angenommene linke Zügel sorgt dafür, dass das

Erster Tritt nach vorne.

Mit deutlichen Hilfen (rechter Arm führt das Pferd in die Wendung, rechter Steigbügel belastet, linker Schenkel drückt) wird die Vorwärtsbewegung des ersten Tritts zur Seite gelenkt.

Hier steht dieser junge Hengst sogar schon auf dem inneren Hinterbein.

Gut zu sehen: Der äußere, am Hals angelegte Zügel (er hält das Pferd gerade) und ein deutliches Überkreuzen des äußeren (linken) Vorderbeins.

Verstärkte Hilfengebung durch den äußeren Zügel und Schenkel.

Optimale Stellung bei einer Hinterhandwendung.

Schön untergesetzter innerer Hinterfuß.

Zügel nachgeben – fertig!

Pferd sein Gewicht auf das Standbein – in unserem Fall das rechte Hinterbein – verlagert. Wenn Sie diesen Zügel jedoch zu stark annehmen, wird das Pferd nach hinten weichen und die Vorderbeine nicht mehr korrekt überkreuzen!

Die Wendung sollte flüssig geritten werden, ohne dass das Pferd zum Stillstand kommt. Wiederholen Sie diese Übung immer im Wechsel auf der rechten und der linken Hand ca. eine Woche lang täglich 10 Mal.

Es ist dabei möglich, dass das Pferd anfangs nicht auf dem inneren Hinterbein stehen bleibt. Lassen Sie Ihrem Pferd Zeit, sein Gleichgewicht zu finden, dann wird es klappen. Achten Sie darauf, Ihrem Pferd ausbalancierte Zügelhilfen zu geben, d.h. halten Sie mit dem jeweils äußeren, verwahrenden Zügel dem inneren, führenden Zügel gegen und stabilisieren Sie so die Wirbelsäule. Wichtig ist, dass das Pferd immer mit dem äußeren Vorderbein das innere überkreuzt.

Absolviert Ihr Pferd die Hinterhandwendung aus dem Vorwärts-Seitwärts-Weichen flüssig und ohne Probleme, so gehen Sie dazu über, die Wendung aus dem Stand zu trainieren. Die Hilfengebung ändert sich dabei nicht.

Auch aus dem Stand soll der erste Tritt eine Vorwärtsbewegung sein. Nur aus der Vorwärtsbewegung kann das Pferd mit dem äußeren Bein vorne überkreuzen. Haben Sie zu viel Zügelkontakt, wird der erste Tritt eine Rückwärtsbewegung sein, und das Pferd wird mit dem äußeren Bein hinten überkreuzen.

So sieht's dann später aus: Der perfekte Spin, eine rasante Hinterhandwendung, hier anlässlich der Deutschen Meisterschaft in Münster 1995 mit dem deutschen Meister „Little Big Boss"

KAPITEL 21

Trainingslektionen

Während in den vorangegangenen Kapiteln die grundsätzlichen Übungen zur Rittigkeit und Durchlässigkeit des Pferdes erläutert werden, sollen nun weiterführende Anleitungen und Lektionen für die Umsetzung und Festigung der Dressurelemente Versammlung, Vor- und Hinterhandkontrolle sowie Rückwärtsrichten und Wendungen Schritt für Schritt erklärt werden.

Die folgenden Übungen bilden die Basis für ein dressurmäßig korrekt gerittenes Westernpferd und fördern die Sensibilität gegenüber der Hilfengebung sowie die Gymnastizierung des Pferdes gleichermaßen.

Achten Sie für sich als Reiter darauf, stets den Sitz im Gleichgewicht als Ausgangshaltung für Ihre Hilfengebung einzunehmen, fallen Sie im Sattel weder vor noch hinter die gedachte Senkrechte von Schulter, Hüfte und Fersen und knicken Sie nicht in der Hüfte ab.

Zu guter Letzt: Atmen Sie gleichmäßig und ruhig durch; das ist die wichtigste Voraussetzung für entspanntes und dennoch effektives Reiten. Seien Sie nicht ungeduldig, wenn eine Übung nicht auf Anhieb klappt. Pferde lernen langsam und durch häufige Wiederholung. Wichtig ist, dass die Übungen stets korrekt ausgeführt werden.

Die Geschwindigkeit spielt dabei keine Rolle! Eine fünfmal sauber ausgeführte Lektion im Schritt bringt mehr als eine im Trab oder Galopp, in der das Pferd verspannt oder hektisch geht.

Die einzelnen Übungen werden immer für eine Seite bzw. Richtung erklärt.

Bedenken Sie, dass die Hilfen beim Richtungswechsel seitenverkehrt gegeben werden müssen!

1. Das Vorwärts-Abwärts-Dehnen

Wir beginnen mit der Versammlung in „Außenstellung“, da Ihr Pferd hierbei durch die Außenbande begrenzt wird. So verhindern Sie unerwünschtes Abbiegen am stellenden Zügel und lehren Ihr Pferd, trotz Stellung des Kopfes in eine Richtung, geradeaus weiterzulaufen.

Die Übungen werden im Trab ausgeführt, da Sie so die vorhandene Vorwärtsbewegung besser nutzen können. Im Schritt müsste das Pferd zu stark getrieben werden.

Das Vorwärts-Abwärts-Dehnen ist eine Aufwärmübung für das Pferd, bevor es in den eigentlichen Lektionen geritten wird. Ziel ist es, dass das Pferd sich im lockeren Trab entspannt und seine Rückenmuskulatur und Wirbelsäule dehnt, indem es Kopf und Hals vorwärts abwärts „fallen lässt“.

Diese Dehnungshaltung ist ein grundlegender und sinnvoller Teil jeder Reitweise, da sie das gesamte Pferd dazu veranlasst, sich zu lösen und damit auf die folgende Gymnastizierung und Muskelanspannung vorzubereiten.

Nur ein aufgewärmtes und gelockertes Pferd kann schmerzfrei und entspannt an die Hilfen geritten werden.

Locker und flott vorwärts traben.

Leichte Außenstellung verlangen.

Ein/zwei Runden später: Verstärkte Außenstellung verlangen – hier ist der Kopf noch etwas unwillig nach oben gereckt.

Das Pferd beginnt, sich zu entspannen und trägt den Kopf trotz extremer Außenstellung tief und macht einen gelassenen Eindruck.

Ausführung

1. Sie lassen Ihr Pferd im Trab auf der rechten Hand ganze Bahn zügig (jedes Pferd in seinem Arbeitstempo) vorwärts gehen. Das Arbeitstempo unterscheidet sich von Pferd zu Pferd; es soll sich nicht durch Treiben oder Festhalten des Reiters verspannen.
   Dabei traben Sie leicht. Das Pferd geht am langen Zügel und bestimmt sein Tempo selbst. Anfangs wird Ihr Pferd dabei flott vorwärts traben und erst, wenn es ein gleichmäßiges Tempo gefunden hat, beginnen Sie mit der eigentlichen Übung.
2. An einer langen Seite der Bahn sitzen Sie den Trab aus und stellen Hals und Kopf des Pferdes leicht nach links, indem Sie den linken Zügel annehmen, ohne das Pferd jedoch beim Vorwärtstraben zu behindern. Ihre Schenkel bleiben dabei in der Grundposition und werden nur bei Bedarf treibend eingesetzt. Am Ende der langen Seite geben Sie den linken Zügel wieder nach, traben leicht und lassen das Pferd in gerader Stellung am langen Zügel die drei nächsten Seiten weiterlaufen.
   Nach wie vor darf das Pferd sein Tempo selbst wählen, soll jedoch nicht angaloppieren!
3. Wiederholen Sie nun diese Übung so lange, bis Ihr Pferd locker und ohne Gegendruck am linken Zügel die eine lange Seite zur Bande gestellt trabt. Beginnen Sie mit einer „Außenstellung“ von ca. 10 Grad, später sollte der Kopf ca. 30 Grad nach „außen“ gestellt sein.

Nach einigen Runden wird das Pferd seinen Hals Stück für Stück senken und tief tragen. Wenn es dies ca. 20 m am Stück tut, dann beginnt es, sich zu entspannen. Nun wechseln Sie auf die linke Hand und reiten diese Übung in „Außenstellung“ nach rechts. Beendet wird die Lektion mit einer fünfminütigen Schrittphase. Arbeiten Sie immer mit viel Ruhe und ohne „unangenehme Zwischenfälle“, die das Pferd durcheinander bringen. Vermeiden Sie in der Aufwärmphase jeglichen Konflikt, der bei Ihnen oder Ihrem Pferd zu Verspannungen führen könnte. Nehmen Sie sich Zeit, sich und Ihr Pferd aufzuwärmen, nur dann sind Sie für das weitere Training entspannt und bestens vorbereitet.

So sieht das Endergebnis aus.

Treten Probleme auf?

Ihr Pferd will anhalten oder stellt sich quer zur Außenbande.

Setzen Sie Ihre Unterschenkel treibend ein und geben Sie Zügelimpulse in Bewegungsrichtung.

Vergessen Sie nicht, auch das Schnalzen als treibendes Stimmkommando einzusetzen!

Achtung: Rechte Hand dabei nach rechts führen, nicht nach hinten (beim Reiten auf der rechten Hand)!

Hat sich das Pferd zu stark verworfen, so stellen Sie es erneut gerade und stellen es langsam wieder nach außen.

Das Pferd darf grundsätzlich nur so weit nach außen gebogen werden, dass der Trab nicht unterbrochen wird.

Ihr Pferd rennt los, sobald Sie den linken Zügel nachgeben.

Lassen Sie es laufen, solange es nicht angaloppiert. Das Schnellerwerden nach der Außenstellung ist eine natürliche Reaktion und ein Zeichen dafür, dass das Pferd sich lockert und versucht, die leichte, durch den äußeren Zügel entstandene Spannung wieder abzubauen, indem es sich „lang macht" und dadurch natürlich auch schneller wird. Keinesfalls an den Zügeln ziehen!

Das Pferd galoppiert an, wenn Sie die Zügel nachgeben.

Nehmen Sie beide Zügel an, bauen Sie diesen Zug jedoch langsam auf und lassen Sie sofort wieder nach, sobald das Pferd trabt.

Durch diese Lektion hat Ihr Pferd gelernt, beim Annehmen des jeweils äußeren Zügels seinen Hals nach außen zu biegen und dadurch die Muskulatur zu dehnen sowie im Anschluss abwärts nachzugeben. Nehmen Sie nun beide Zügel leicht an, so wird das Pferd mit bereits gelockerter Hals-Nacken-Partie nach vorne abwärts nachgeben. In dieser Stellung rundet sich der gesamte Pferderücken, wölbt sich nach oben und ist vor Verspannungen geschützt. Zusätzlich hebt sich die Bauchmuskulatur des Pferdes und stützt den Rücken. Es entsteht eine gesunde Spannung im Pferd, die Hinterbeine können vermehrt unter den Schwerpunkt treten.

2. Das Nachgebenlassen im Genick

Voraussetzungen für diese Übung sind, dass das Pferd bereits an der Longe gelernt hat, dem Druck des Dreieckszügels nachzugeben und dabei in der gewünschten Gangart locker vorwärts zu laufen. Außerdem muss es entspannt in der Vorwärts-Abwärts-Bewegung gehen können.

Ausführung

1. Sie beginnen diese Übung, indem Sie nach dem gleichen Schema wie bei Lektion 1 reiten, bis sich Ihr Pferd auch bei nach außen (links) zur Bande gestelltem Kopf entspannt abwärts „fallen lässt".
2. Nun nehmen Sie zusätzlich den rechten Zügel leicht an und fordern es damit auf, im Genick nachzugeben und mit der Nase in Richtung Brust abzuknicken.
3. Sobald Sie spüren, dass Ihr Pferd im Genick nachgibt, nehmen Sie den Druck vom rechten Zügel, behalten jedoch die Außenstellung bei.
4. Anfangs muss das Pferd nur für die Dauer eines Schrittes im Genick nachgeben. Am zweiten Tag können es dann bereits drei bis fünf, am dritten Tag fünf bis sieben Schritte und am vierten Tag die gesamte lange Seite sein.
5. Vergessen Sie nicht die „Pausen" auf den verbleibenden drei Bahnseiten, sonst wird sich Ihr Pferd verkrampfen.

6. Wiederholen Sie diesen Vorgang so lange, bis das Pferd bei leicht angenommenem rechten Zügel willig und weich im Genick nachgibt.
7. Trainieren Sie diese Lektion eine Woche lang kontinuierlich und verlangen Sie nie mehr als eine lange Seite Trab in Außenstellung mit nachgegebenem Genick, da sonst Verspannungen auftreten können.
8. Nach 5 Minuten Schritt reiten Sie diese Übung auf der anderen Hand.

Die Wirkung der Zügel

Bei diesen Übungen stellt der eine Zügel das Pferd, während der andere Zügel verwahrend eingesetzt wird, um ein zu starkes Biegen des Halses zu verhindern. Außerdem veranlasst er das Pferd, im Genick nachzugeben und trotz Außenstellung dirigiert er das Pferd und lenkt es bei Bedarf geradeaus.

Treten Probleme auf?

Sie bemerken nicht, dass das Pferd im Genick nachgibt und üben zu lange und zu viel Druck mit den Zügeln aus.

Lassen Sie sich von einer weiteren Person, die Ihr Pferd beobachtet, helfen.
Sie sagt Ihnen, wann das Pferd nachgibt, und Sie können dann sofort reagieren und das Pferd mit nachgebendem Zügel belohnen. Außerdem bekommen Sie so das Gespür, wie es sich anfühlt, wenn das Pferd im Genick nachgibt.

Annehmen des inneren Zügels; noch geht das Pferd dagegen.

Das Pferd gibt zur Brust hin nach.

3. Versammlung in Innenstellung

Ihr Pferd beherrscht nun die ersten beiden Lektionen: Es gibt mit zur Seite gestelltem Kopf weich im Genick nach und läuft dabei geradeaus flüssig im Trab vorwärts.

Es akzeptiert dabei sowohl den nach der einen Seite stellenden Zügel als auch den geradeaus lenkenden und das Nachgeben fördernden Zügel.

Ausführung

1. Zunächst reiten Sie Lektion 1, dann Lektion 2 mehrere Male, bis Ihr Pferd locker vorwärts abwärts läuft und im Genick nachgibt.
2. Dann wechseln Sie die Hand. Statt das Pferd nach außen zu stellen, stellen Sie nun Hals und Kopf mit dem inneren Zügel zur Bahnmitte.
   Der äußere Zügel sorgt dafür, dass das Pferd nicht abbiegt, indem Sie ihn mit gestrecktem Arm zur Seite führen (siehe auch Vorhandkontrolle). Außerdem veranlassen kurze Impulse am äußeren Zügel das Pferd, im Genick nachzugeben.
3. Durch Druck mit dem inneren Schenkel am Bauchgurt und vermehrter Gewichtsverlagerung in den äußeren Steigbügel sorgen Sie dafür, dass das Pferd den Hufschlag nicht verlässt. Nach dieser Korrektur sollten Sie wieder im Gleichgewicht sitzen.
4. Auch bei dieser Übung wird das Pferd stets eine lange Seite lang gestellt, danach trabt es am hingegebenen Zügel drei Seiten entspannt vorwärts.
5. Wiederholen Sie diese Lektion etwa eine Woche lang auf jeder Hand ca. zehnmal pro Trainingseinheit.
6. Beherrscht Ihr Pferd diese Übung, so kann es auch die kurzen Seiten, später ganze Zirkel in Innenstellung durch das Genick geritten werden.

Diese Übungen sind die Grundlagen zur korrekten Versammlung des Pferdes.

Wenn das Pferd mit nachgebendem Genick vermehrt mit beiden Schenkeln getrieben wird, so tritt es mit den Hinterbeinen weiter unter seinen Schwerpunkt und richtet daraufhin die Vorhand auf, wobei Rücken und Hals einen nach oben gerundeten Bogen darstellen.

Man sieht gut, wie hier die äußere Hand nach außen geführt wird und der äußere Steigbügel belastet ist, damit das Pferd nicht nach innen abbiegt.

Hier zwei Bilder, die das Ergebnis dieser Übung zeigen.

Bild 1 zeigt das dressurmäßig versammelte Pferd.

Bild 2 – auch diesmal geht das Pferd versammelt – es trägt sich gut und trabt locker und flach mit gut untergesetzter Hinterhand – man beachte den leichten Zügel.

4. Sauber gerittene Zirkel

Sauber gerittene Zirkel machen einen wichtigen Teil im Training eines Westernpferdes aus. Die versammelnden Lektionen haben Ihr Pferd auf korrekte Stellung und weiches Nachgeben im Genick vorbereitet. Außerdem sollte es Schenkelweichen im Schritt und Trab beherrschen und sich einwandfrei auch mit Gewichtshilfen lenken lassen.

Die Problematik

Zirkel ist nicht gleich Zirkel, und damit diese nicht wie Eier aussehen, müssen Sie besonders die Vorhand Ihres Pferdes kontrollieren. Es darf weder über die äußere Schulter drängen noch sich über die innere Schulter verwerfen. Weder die Hinter- noch die Vorderhufe dürfen die Zirkellinie verlassen, d.h. die Hinterhufe treten exakt in die Spur der Vorderhufe. Dann ist das Pferd korrekt auf dem Zirkel gebogen.

Die Ausführung

1. Zunächst wird das Pferd in leichter Innenstellung versammelt, der äußere Zügel hält verwahrend dagegen, damit sich das Pferd nicht stärker als ca. 15 Grad nach innen biegt.
   Je kleiner die Zirkel, desto stärker ist die Biegung, die das Pferd eingehen muss.
2. Die Schenkel liegen verwahrend am Pferd und treiben bei Bedarf beidseitig. Solange Ihr Pferd die Zirkellinie nicht verlässt, bleiben die Beine jedoch passiv.

Fällt Ihr Pferd nach innen und kürzt damit den Zirkel ab, so setzen Sie folgende Hilfen korrigierend ein:

1. Sie stellen Ihr Pferd nach wie vor mit dem inneren Zügel, bis der Hals sich an den äußeren verwahrenden Zügel heranwölbt.
2. Dabei belasten Sie den äußeren Steigbügel vermehrt mit Gewicht.

3. Gleichzeitig treibt der innere Schenkel am Bauchgurt das Pferd an den äußeren Zügel heran, bis es dort Anlehnung findet und diese hält, bis es wieder die gewünschte Zirkellinie erreicht hat; reagiert Ihr Pferd nicht auf den Druck, so kann der Unterschenkel auch gegen den Rumpf „klopfen", bis ein Ergebnis erreicht ist.
4. Die korrigierenden Hilfen dauern nur so lange an, bis das Pferd wieder auf der gewünschten Zirkellinie läuft und setzen erneut ein, wenn es diese wieder verlässt.

Drängt Ihr Pferd von der Zirkellinie über die äußere Schulter, dann korrigieren Sie es wie folgt:

1. Der äußere, verwahrende Zügel wird etwas mehr angenommen, um die Bewegung nach innen abzuleiten.
2. Führen Sie nun den inneren Zügel mit etwas mehr Spannung zur Seite.
3. Gleichzeitig belasten Sie vermehrt den inneren Steigbügel und geben mit dem äußeren Schenkel Druck am Bauchgurt.

Das Pferd trabt gut versammelt in leichter Innenstellung.

Hier korrigiert der Reiter, da das Pferd nach außen drängt (oft haben Pferde die Tendenz, an der Bande zu kleben und verlassen den Hufschlag nicht gerne, um auf den Zirkel abzubiegen). Der äußere Zügel liegt gegen den Hals an, der innere wird mit etwas Spannung seitlich geführt.

Hier wieder eine Korrektur der Schulter durch den angelegten und angenommenen äußeren Zügel.

Hier trabt das Pferd gut auf dem Zirkel – beide Zügel sind passiv.

4. Reagiert Ihr Pferd nicht auf die leichten Hilfen, so kann der äußere Unterschenkel am Rumpf „klopfen". Der äußere Zügel muss ausgleichend angenommen werden, damit sich das Pferd nicht zu weit nach innen biegt.

5. Seitwärtsgänge – Schenkelweichen über eine Stange

Seitwärtstreten über Stangen oder andere Hindernisse sind sowohl der Gymnastizierung als auch dem Gehorsam und der Aufmerksamkeit Ihres Pferdes dienlich. Zudem bereiten diese kleinen „Trailübungen" auf natürliche Hindernisse im Gelände vor. Natürlich kann man nicht alle Situationen, die in freier Natur auftauchen können, in der Halle oder auf dem Reitplatz simulieren. Dennoch stärken Sie damit das Vertrauen und die Konzentration des Pferdes. Pferde, die viele Dinge auf dem Reitplatz kennen gelernt haben, lassen sich im Gelände nicht so leicht aus der Ruhe bringen, und dies kann Sie wiederum vor gefährlichen Situationen schützen. Außerdem sind kleine Trailübungen eine sinnvolle Abwechslung im täglichen Training und machen Spaß.

Ausführung

Sie wollen nun Ihr Pferd seitwärts über eine Stange nach links weichen lassen.

1. Stellen Sie Ihr Pferd vor die am Boden liegende Stange, ungefähr auf einer Höhe von 50 cm zum linken Stangenende.
2. Nun reiten Sie so weit vorwärts, dass die Vorderbeine auf der einen, die Hinterbeine auf der anderen Seite der Stange zum Stehen kommen und halten an.

Das Pferd kurz vor dem Ende über die Stange stellen, der natürliche Drang, das „Ding" da unter dem Bauch loswerden zu wollen, hilft anfangs sehr. Das Pferd wird der Hilfe, zum näheren Stangenende hin auszuweichen, willig folgen.

3. Die natürliche Reaktion des Pferdes ist, die ungewohnte Stellung mit einer Stange „unter" sich so schnell wie möglich zu verlassen.
4. Damit es nicht nach vorne wegläuft, nehmen Sie beide Zügel an.
5. Nun stellen Sie den Kopf leicht nach rechts, während der linke Zügel mit ausgestrecktem Arm zur Seite geführt wird. Diese Zügelhilfe beeinflusst die Vorhand so, dass Ihr Pferd den ersten Schritt mit dieser nach links ausführt, indem es das rechte Vorderbein vor dem linken überkreuzt.
6. Damit die Hinterhand folgt, bauen Sie mit Ihrem rechten Schenkel zwei Handbreit hinter dem Sattelgurt langsam so viel Druck auf, bis auch die Hinterbeine sich überkreuzen.
7. Das Pferd sollte bei dieser Übung stetig, jedoch ohne hektisch zu werden, bis zum Stangenende nach links weichen. Die Hilfen dauern so lange an.
8. Die Distanz, die Ihr Pferd „über" der Stange seitlich weicht, können Sie Tag für Tag verlängern, bis es schließlich ohne Probleme die gesamte Stangenlänge problemlos weicht, ohne nach vorne oder hinten auszubrechen.

Bei dieser Übung ist es besonders wichtig, in Ruhe Schritt für Schritt vorzugehen. Keinesfalls sollte das Pferd hektisch oder selbstständig an der Stange arbeiten. Das könnte dazu führen, dass es nach vorne oder hinten wegspringt oder die Beine nicht vorschriftsmäßig kreuzt. Wann immer Ihr Pferd die Stange berührt, sollten Sie eine kurze Pause einlegen, vorsichtig die Stellung zur Stange korrigieren und dann erst fortfahren. Gehen Sie auf diese Weise vor, dann wird Ihr Pferd auch bei fremden oder ungewohnten Hindernissen ruhig und gelassen bleiben. Hat Ihr Pferd Probleme, die Vorder- und Hinterbeine korrekt zu kreuzen, dann gehen Sie zurück zur Lektion Schenkelweichen.

Auch in einem ungewohnten Umfeld, wie einem Jahrmarkt, führt ein Trailpferd die erlernten Lektionen vertrauensvoll aus.

Hat das Pferd begriffen, was wir von ihm wollen, so können wir das „Hindernis Stange“ auch von außen angehen. Das ist die Version, wie sie in den meisten Fällen auf dem Turnier verlangt wird. Die Bildfolge 1 – 6 zeigt sehr schön die Hilfengebung – seitlich führender Zügel und „treibender“ Schenkel sowie das Vorne-Überkreuzen der Beine.

Bei einem Ausritt finden sich oft Gelegenheiten, das Seitwärtstreten über ein Hindernis zu üben.

6. Mittelhanddrehung im Stangen-Quadrat

Auch die Übungen im Stangen-Viereck schulen die Konzentration, Aufmerksamkeit und Körperbeherrschung des Pferdes. Bei der Mittelhanddrehung dreht sich das Pferd um seine eigene Achse. Der Drehpunkt liegt imaginär senkrecht unterhalb des Bauchgurtes. Bei der Drehung nach links bewegt sich die Vorhand schrittweise nach links, während die Hinterhand schrittweise nach rechts weicht. Ziel dieser Übung ist, das Pferd mit feinster Hilfengebung so zu „dirigieren", dass es nicht in oder über die Stangen hinaustritt.

Voraussetzung für eine saubere Ausführung dieser Übung ist, dass Ihr Pferd Zügelhilfen annimmt und sowohl die Vor- als auch die Hinterhandwendung beherrscht. Außerdem muss das Pferd sich ruhig zwischen Stangen arbeiten lassen.

Ausführung
Mittelhanddrehung nach links:

1. Reiten Sie Ihr Pferd zunächst ins Stangen-Quadrat und halten Sie dort an.
2. Nach einer kurzen Pause nehmen Sie den rechten Zügel verwahrend an, sodass das Pferd gerade gerichtet ist.
3. Nun führen Sie den linken Zügel mit ausgestrecktem Arm zur Seite und geben gleichzeitig mit dem rechten Schenkel Druck am Bauchgurt, bis die Vorhand sich einen Schritt nach links bewegt hat. Die Beine überkreuzen sich dabei wie bei der Hinterhandwendung.
4. Nach einem kurzen Verharren stellen Sie den Kopf des Pferdes etwas nach links, nehmen aber auch mit dem rechten Zügel Kontakt zum Pferdemaul auf, wobei die Hand bis über den Mähnenkamm an den Hals herangeführt wird. Dies verhindert, dass das Pferd beim darauf folgenden Verschieben der Hinterhand die Vorhand mitbewegt. Der rechte Schenkel liegt verwahrend am Gurt.

2

3

4

5

6

7

8

9

10

11

12

13

14

15

16

17

18

19

Diese Fotoreihe zeigt sehr schön, wie das Pferd Schritt für Schritt durch die Drehung geritten wird. Wichtig sind absolute Ruhe bei der Hilfengebung und der gezielte Hilfeneinsatz. Man muss sich immer im Klaren darüber sein, wo die Beine des Pferdes stehen. Notfalls sollte man nach unten/hinten schauen, um die genaue Beinstellung des Pferdes zu kontrollieren. Das Pferd meistert dieses Hindernis in vorbildlicher Manier, sowohl beim Ein- als auch beim Ausreiten nimmt es den Kopf tief und guckt genau, wo es hintritt.

5. Gleichzeitig drückt der linke Schenkel zwei Handbreit hinter dem Gurt die Hinterhand des Pferdes nach rechts. Nach einem Schritt erfolgt wieder ein kurzes Verharren. Kontrollieren Sie dabei stets die Stellung des Pferdes im Stangen-Quadrat.

6. Diesen Wechsel zwischen Vorhand- und Hinterhandverschiebung wiederholen Sie nun so lange, bis die gewünschte Drehung erreicht ist. Schauen Sie immer wieder, wie die Stangen liegen, damit Sie dementsprechend die Vor- oder Hinterhand mehr oder weniger verschieben.

7. Denken Sie daran, jedesmal, wenn Ihr Pferd an die Stangen stößt, kurz anzuhalten und danach das Pferd vorsichtig zu korrigieren.

7. Rückwärtsrichten durch das Stangen-L

Ähnlich wie die Wendungen und Seitengänge kann auch das Rückwärtsrichten zur Abwechslung zwischen Stangen geritten werden. Wenn Sie zwischen zwei parallel liegenden Stangen rückwärts richten, bemerken Sie sehr schnell, ob Ihr Pferd auch wirklich gerade nach hinten weicht. Wenn Sie sich zudem noch ein „L" aus vier Stangen zurechtlegen, können Sie die Vorhand- sowie Hinterhandwendung in die Übung mit einbauen. Voraussetzung ist natürlich, dass Ihr Pferd sowohl das Rückwärtsrichten als auch die Vorhand- und Hinterhandwendung bereits kennen gelernt hat.

Ausführung

1. Beginnen Sie zunächst mit dem Rückwärtsrichten zwischen zwei Stangen: Reiten Sie erst einen Schritt vorwärts hinein.
2. Nach einem kurzen Verharren richten Sie Ihr Pferd um dieselbe Distanz rückwärts aus den Stangen heraus.
3. Steigern Sie von Mal zu Mal die Entfernung, bis Sie Ihr Pferd schließlich eine ganze Stangenlänge rückwärts richten können, ohne dass es über die Stangen hinaustritt.
4. Anfangs können Sie dabei das Pferd nach jedem Schritt rückwärts eine kurze Pause machen lassen.
5. Sollte Ihr Pferd beim Rückwärtsrichten zu nahe an oder gar über die Stangen treten, so müssen Sie die Hinterhand korrigieren:
   Verschiebt Ihr Pferd beispielsweise seine Hinterhand zu stark nach rechts, so stellen Sie Kopf und Hals des Pferdes leicht nach rechts, um die Hinterhand mit Druck des rechten Schenkels wieder nach links zu bringen. Bedenken Sie, dass Ihr Pferd immer bestrebt ist, seine Wirbelsäule gerade zu richten (siehe Lektion „Hinterhandkontrolle")! Natürlich müssen Sie mit dem linken Zügel seitlich gegenhalten, damit Ihr Pferd nicht ungewollt die Vorhand nach rechts verlagert. Kommt die Vorhand zu nahe an die Stange, z.B. nach rechts, so reiten Sie einen Schritt der Hinterhandwendung nach links.

Dieses Prinzip machen Sie sich dann auch beim Rückwärts-Durchreiten der Ecke zunutze. Gehen wir nun davon aus, dass Sie die Ecke durchreiten wollen, indem Sie die Hinterhand nach links wenden.

1. Nachdem Sie eine Stangenlänge rückwärts gerichtet haben, halten Sie Ihr Pferd so an, dass die Hinterbeine ca. 20 cm von der im rechten Winkel liegenden Stange entfernt stehen.
2. Nun folgt ein Wechselspiel aus einzelnen Schritten der Vorhand- und Hinterhandwendung. Nehmen Sie zum Stabilisieren der Vorhand beide Zügel auf, achten aber mit notfalls vorwärts treibenden Hilfen darauf, dass das Pferd hierdurch nicht rückwärts tritt.
3. Gleichzeitig stellen Sie den Kopf des Pferdes leicht nach rechts und legen den rechten Schenkel vorsichtig zwei Handbreit hinter dem Gurt an, um die Hinterhand zu einem Schritt zur Seite zu bewegen.
4. Will das Pferd auch mit der Vorhand einen Schritt nach links gehen, so stabilisieren Sie diese, indem Sie beide Hände etwas nach rechts nehmen und sich somit der linke Zügel wie eine „Barriere" an Hals und Schulter legt.
5. Nachdem Sie die Hinterhand um einen Schritt verschoben haben, widmen Sie sich der Vorhand: Sie muss nun leicht nach rechts verschoben werden, damit das Pferd wieder gerade zwischen den anderen beiden Stangen steht.

Turnierfoto vom „Stangen-L" – hier George Maschalani auf „Po Bayoto Doc"

6. Dazu nehmen Sie den linken Zügel an, während Sie mit ausgestrecktem Arm den rechten Zügel zur Seite führen. Gleichzeitig üben Sie mit dem linken Schenkel leichten Druck am Gurt aus.
7. Schritt für Schritt durchreiten Sie nun auf diese Weise rückwärts die Ecke. Danach geht es dann gerade durch die restlichen Stangen. Nach jedem Schritt der Wendung und bei eiligen Pferden überhaupt nach jedem Schritt, wird eine Pause eingelegt. Das heißt, Sie sitzen neutral, entspannen die Schenkel, lassen die Zügel locker und entspannen auch Ihre Gedanken! Die Nervosität eines Pferdes im Hindernis hat meist den Ursprung in der Nervosität des Reiters!

8. Durchreiten eines Tores

Das Durchreiten eines Tores darf in keiner Trailprüfung fehlen. Auch wenn Sie nicht vorhaben, sich auf Turnieren zu messen, so sollten Sie diese Übung – falls Ihnen ein geeignetes Tor zur Verfügung steht – durchführen. Sie schult, wie die vorangegangenen Stangen-Lektionen, die Aufmerksamkeit und Sensibilität Ihres Pferdes. Zudem können Sie Ihre Hilfengebung verfeinern.

Ihr Pferd kennt zwischenzeitlich alle Grundlektionen und Sie haben es idealerweise bereits mehrmals durch das Tor geführt, sodass es mit diesem vertraut ist. Denken Sie daran: Ihre und die Sicherheit des Pferdes stehen immer im Vordergrund!

Das geeignete Tor

Das Tor muss mindestens 2,5 m breit sein und so hoch, dass Sie sich nicht zur Seite herunterhängen müssen, um es zu bedienen. Es sollte so stabil sein, dass es nicht umfallen kann, und es darf natürlich keine scharfen Kanten oder Ähnliches haben. Wenn Sie das Tor zwischendrin loslassen müssen, so darf es nicht von alleine wieder zufallen. **Das Tor darf nie gegen das Pferd stoßen!**

Anmerkung:
Auf Turnieren (AQHA/EWU) ist es neuerdings verboten, ein Tor, welches einen Verbindungssteg auf dem Boden hat, rückwärts zu durchreiten.

Ausführung

Grundsätzlich: Legen Sie beim Durchreiten des Tores nach jedem Schritt eine Pause ein.

Es gibt vier Methoden, das Tor zu bewältigen:
1. **Sie schieben das Tor zunächst von sich weg und reiten vorwärts hindurch.**
2. **Sie ziehen das Tor zu sich und reiten vorwärts hindurch.**
3. **Sie schieben das Tor auf und reiten dabei rückwärts hindurch.**
4. **Sie ziehen das Tor zu sich heran und reiten rückwärts hindurch.**

Vorwärts durchs Tor: 1. Möglichkeit

Verschluss öffnen, am Tor rückwärts richten, bis die Nase des Pferdes am Torpfosten vorbei ist. Dann das Tor von sich weg aufschieben. Achtung: Beim Herunterbeugen nicht mit dem Schenkel gegen das Pferd drücken, es weicht sonst vom Tor weg. Besser die ganze Zeit mit dem äußeren Schenkel leichten Kontakt bzw. Druck am Bauch halten. Ist das Tor weit genug offen, das Pferd Schritt für Schritt hindurchtreten lassen. Manche Pferde versuchen, der „Enge“ durch Vorwärtsstürmen zu entgehen, daher langsam reiten, lieber einmal stehen bleiben. Dann das Pferd so nah wie möglich um die Vorderkante des Tores drehen. Erst drückt der hier rechte Schenkel die Hinterhand herum, sofort danach bringen linker Schenkel und Zügel die Vorderhand und dann das ganze Pferd wieder Richtung Tor.

Vorwärts durchs Tor: 2. Möglichkeit

Die schwierige Variante des Vorwärts-durchs-Tor-Reitens. Verschluss öffnen, die Hinterhand mit dem rechten Schenkel herumdrücken und gleichzeitig das Tor zu sich hinziehen. Dabei hält der äußere (linke) Schenkel gegen, um ein Zurückweichen von der Vorderkante des Tores zu verhindern. Wieder Schritt für Schritt vorwärts durchs Tor reiten. An die Angst vor der Enge denken. Die Hinterhand des Pferdes weiter herumdrücken, bis es sich um 180 Grad gedreht hat und wieder parallel zum Tor steht, dabei das Tor vorsichtig heranziehen.

Achtung: Oft haben Pferde Angst vor dem „großen Gegenstand“ der sich da von der Seite nähert und wollen von dem auf sie zukommenden Tor wegweichen. Hier sofort mit dem äußeren (linken) Schenkel reagieren. Erst wenn das Pferd ruhig neben dem geschlossenen Tor steht, rückwärts richten, um den Verschluss überzulegen.

Rückwärts durchs Tor: 1. Möglichkeit

Im Großen und Ganzen ist die Hilfengebung bei dieser Art, das Tor zu bewältigen, ähnlich wie bei Fall 1 Vorwärts-durchs-Tor. Die Problematik Herunterbeugen, Vom-Tor-wegweichen-Wollen und Angst-vor-der-Enge ist hier dieselbe. Was bei Toren mit einem Verbindungssteg auf dem Boden noch zu beachten ist: Wenn Pferde beim Rückwärtstreten gegen ein Hindernis stoßen, wollen sie oft nicht weiter, weil sie nicht gut sehen können, was da liegt (anders als beim Vorwärtsreiten).

Rückwärts durchs Tor: 2. Möglichkeit

Auch hier ist die Problematik ähnlich wie beim Fall 2 des Vorwärtsreitens, jedoch auch mit der Besonderheit, so viele Tritte rückwärts richten zu müssen. Vorteil hier beim Schließen des Tores: Man kann vorwärts zum Verschluss reiten. Beim Fall 2 des Vorwärtsreitens muss rückwärts gerichtet werden, wobei das Pferd leicht die Tendenz hat, mit der Hinterhand vom Tor weg zu weichen. Das entfällt hier.

9. Wie reite ich an Hindernisse heran, vor denen mein Pferd scheut?

Wir alle kennen diese Szenen: Ein Pferd scheut vor etwas Unbekanntem.

Das kann ein buntes Hindernis auf dem heimischen Reitplatz, aber auch ein geparktes Auto, eine fremde Hofeinfahrt oder ein laufender Traktor im Gelände sein. Versucht man, sich mit seinem Pferd dem Hindernis zu nähern, so endet der Kampf oftmals mit Steigen, Rückwärtsrennen oder gar wildem Durchgehen.

Auch das verständnisvolle Absteigen und der Versuch, sein Pferd geduldig in Richtung des Schreckgespenstes zu führen, erweist sich als fragwürdig: Zum einen kann das Pferd sich sehr leicht losreißen oder gar den Reiter umrennen, zum anderen darf das Pferd nicht antizipieren, dass wir jedes Mal absteigen, wenn es mit etwas Neuem konfrontiert wird. Ein ordentlich an die Hilfen gestelltes Pferd ist in einer solchen Situation mit relativ einfachen Methoden zu handhaben:

Gehen wir also davon aus, dass das „Hindernis" links von uns steht.

1. Stellen Sie den Kopf des Pferdes in die entgegengesetzte Richtung, also nach rechts; belasten Sie dabei den linken Steigbügel und üben Sie mit dem rechten Schenkel zwei Handbreit hinter dem Gurt Druck aus. Mit dem äußeren, in unserem Fall linken, Zügel wirken Sie verwahrend ein.
2. Nun reiten Sie in dieser Stellung mehrere Volten, die Sie kontinuierlich durch Schenkelweichen bzw. Lenken nach außen vergrößern.
   Üben Sie dabei so wenig Druck wie möglich aus!
3. Irgendwann stehen Sie direkt neben dem furchteinflößenden Hindernis. Dort machen Sie dann eine Pause.

Hat ein Pferd gelernt, die Reiterhilfen willig anzunehmen und vertraut es dem Reiter hinsichtlich seiner Hilfengebung, so wird Ihr Pferd aller Wahrscheinlichkeit nach problemlos reagieren. Durch die wiederholten Volten am Hindernis vorbei gewöhnt sich Ihr Pferd an das Unbekannte. Machen Sie nicht den Fehler, das Pferd in den Volten mit dem Kopf in Richtung des Hindernisses stellen zu wollen, um ihm das Hindernis zu zeigen: Durch die Linksstellung machen Sie die äußere Schulter des Pferdes frei, und es kann leicht nach rechts ausbrechen. In Rechtsstellung – wie oben beschrieben – ist dies nicht möglich. Seien Sie bei dieser Übung nicht ungeduldig; ängstliche Pferde können sogar eine halbe oder dreiviertel Stunde in Ruhe durch die Volte geritten werden und sehen dabei das Hindernis im Augenwinkel, bis sie sich schließlich beruhigt haben und vertrauensvoll an das Hindernis heranreiten lassen. Sind Volten durch die Umgebung nicht möglich, reicht es oft aus, das Pferd mit dem Kopf vom Hindernis wegzustellen und „über die Schulter" an diesem vorbeizureiten. Dabei kommt es der Psyche des Pferdes entgegen, mit der „schlagkräftigen" Hinterhand zur vermeintlichen Gefahr gestellt zu sein. Durch diese gebogene Stellung ist auch ein Ausbrechen über die Schulter vom Hindernis weg nicht möglich.

Scheuen vor einem Hindernis

Springt das Pferd vor einer Gefahr weg, so springt es mit der Vorderhand zuerst zur Seite weg – also über die Schulter. Das Pferd wird mit dem Kopf von der Gefahr weggestellt – so wird die Schulter blockiert, über die es sich entziehen möchte. Zusätzlich verhindert der angelegte Schenkel ein Ausbrechen zur Seite.

Schlusswort

Die vorangegangenen Seiten haben die Grundausbildung von Reiter und Pferd erklärt, die zwingend notwendig ist für jegliche weitere Betätigung in der Westernreiterei. Egal, ob Sie mit Ihrem Pferd „nur“ durchs Gelände reiten wollen, oder ob es ein Reining- oder Pleasure-Pferd werden soll – eine solide Grundausbildung ist hierfür die Voraussetzung. Dasselbe gilt auch für den Reiter, auch er wird nur Spaß, Erfüllung und Erfolg an der Westernreitweise haben, wenn er den Partner Pferd sowohl physiologisch als auch psychologisch verstanden hat. Die Übungen dieses Buches sind der Grundstein dazu, die Bewegungsabläufe des Pferdes und deren Manipulierbarkeit zu verstehen. Nur ein Reiter, der in der Lage ist, – übertrieben ausgedrückt – jeden Muskel seines Pferdes kontrolliert bewegen zu können, kann dieses Pferd erfolgreich in den höheren Lektionen der Westernreitweise ausbilden und vorstellen. Aber auch für den Ritt ins Gelände ist absolute Körperbeherrschung eine fast lebensnotwendige Grundlage. Oft werde ich von Freizeitreitern gefragt, was diese „Viereck-Reiterei“ soll, sie wollten ja „nur“ ins Gelände, da genüge doch das, was das Pferd ohnehin schon kann. Wenn da nicht das kleine Problem mit dem Wasser wäre oder mit dem Traktor oder der Kuhherde oder, oder, oder... Da fehlt dann eben doch die solide Grundaus-

bildung. Reiter und Pferd haben nicht gelernt, miteinander zu kommunizieren. Der Reiter weiß nicht, welche Hilfen zur Problemlösung angebracht sind, und das Pferd hat nicht gelernt, diese Hilfen zu verstehen und zu befolgen. Das Pferd ist naturgemäß ein Herdentier, das sich in der Unterordnung sicher und wohl fühlt. Hat es in der Bahn gelernt, den Hilfen des Reiters zu folgen, so wird es sich auch im Gelände gerne diesen Hilfen anvertrauen. All meine Turnierpferde und auch die jungen Nachwuchspferde benehmen sich im Gelände wie „alte Hasen", und gibt es doch einmal eine kleine Unsicherheit, so wird diese schnell mit den gelernten Hilfen überwunden.

Gerade der so genannte Freizeitreiter sollte besonderen Wert auf eine gute Grundausbildung legen, denn er verbringt seine Freizeit mit dem Pferd, das heißt, er sucht Entspannung, Spaß und Erholung und zahlt für diesen Freizeitwert meist viel Geld. Und was ist ärgerlicher als ein verpatztes Freizeiterlebnis, z.B. durch ständigen Kampf mit dem Pferd oder gar Angst vor Scheuen und Buckeln.

Und, nun kommen wir zum zweiten wichtigen Aspekt der Grundausbildung, man will es ja bequem haben. Das Freizeitpferd sollte angenehm zu sitzende Grundgangarten haben, und hierfür sind Versammlung und Gymnastizierung Voraussetzungen. Ein Pferd ist nicht von Natur aus dazu gebaut, einen Reiter zu tragen. Durch gezielte Gymnastizierung und Versammlung bringen wir das Pferd dazu, uns aktiv zu tragen und uns nicht nur auf seinem Rücken zu dulden. Ein sich selbst tragendes Pferd sitzt sich besser und es „hält" länger. Viele „Buschreiter" unterschätzen die Bedeutung der Versammlung und reiten ihr Pferd „auf der Vorhand" zugrunde. Viele Verschleißerscheinungen der Vorderbeine und des Rückens wären durch gezielte Dressurarbeit vermeidbar gewesen.

Wer also erwartet hat, dass Westernreiten ganz einfach und ohne Arbeit zu erlernen ist, hat sich geirrt. Auch Westernreiten erfordert in all seiner Vielfältigkeit eine solide Grundausbildung.

Ich bedanke mich bei meinem Team für die unendliche Geduld beim Erstellen der Bilder für dieses Buch. Im Einzelnen bei meiner Co-Trainerin Susanne Schnell (NRHA Futurity Siegerin von 2000 in der Non Pro Snafflebit Klasse), Auszubildende Patricia Bambeck (Deutsche Meisterin in Hunter Hack, Aachen 2000), Auszubildende Anne Osterhammel (Mitglied des Youth World Cup Teams) und Auszubildende Joelle Röder, zuständig für die Jungpferdeaufzucht in meinem Betrieb.

Der Autor - zur Person

Seit 1980 lebt der gebürtige Libanese George Maschalani in Deutschland. 1987 stieg er in das Westernreiten ein, das er durch seine Lebensgefährtin Julia Kaiser kennengelernt hat. Mit dem ersten Turnierstart 1990 auf der QH-Stute Marry for Money schlug auch gleich der Erfolg ein: Er wurde Dritter in der NRHA Futurity Non Pro. Nach Abschluss seiner Buchhändlerlehre stieg er 1991 ins Profilager ein. Seitdem reitet er erfolgreich in allen Sparten der Westernreiterei; er wurde drei Jahre hintereinander Deutscher- und Europa-Meister in Reining, Trail, Pleasure und Western Riding mit selbst ausgebildeten Pferden. Zwei Jahre in Folge wurde er zum EWU-Reiter des Jahres gewählt – sicherlich nicht nur wegen seiner Erfolge, sondern auch aufgrund seiner Beliebtheit bei Kunden und Schülern.

Und ebenfalls zweimal gewann er die begehrteste Prüfung des Reining-Sports: Die NRHA Futurity! Und zwar 1997 die Open Breeders Futurity mit „Boogy Flashy Bee" und 1998 die Open Futurity mit „Shining Olena".

George Maschalani auf „Shining Olena" nach dem Sieg der NRHA Futurity 1998.

George Maschalani mit „Doc Tivio Higgins" als frisch gebackener Deutscher Meister in der Senior Reining.

Eine besondere Ehre wurde ihm zuteil, als er 1996 von der AQHA zum AQHA-Richter ernannt wurde. Hierbei muss man wissen, dass es kein Recht ist, nach bestandener Prüfung Richter zu sein, sondern ein Privileg, zudem man ernannt werden muss!

Zwei Jahre später erhielt er dann auch noch die APHA Richterkarte (American Paint Horse Association). Er ist Inhaber des Goldenen Westernreitabzeichens sowie Mitglied der Deutschen Reining Nationalmannschaft.

Seit 1994 betreibt George Maschalani in Erbach im Odenwald einen Trainings- und Verkaufsstall sowie eine QH-Zucht- und Deckstation. Außerdem ist er das ganze Jahr in Sachen Reitkurse quer durch Deutschland und Europa unterwegs.

In Schweden trainiert er z.B. die Jugendmannschaft und in Österreich bildet er u.a. die Berufsreiter aus. Auch zu Hause ist er sehr bemüht um die berufliche Ausbildung in Sachen Western, denn seit 1999 bildet er Pferdewirte aus.

KONTAKTADRESSE:
George Maschalani
Gestüt Roßbacher Hof
64711 Erbach
Telefon (06062) 6 31 31 • Fax (06062) 6 34 22
www.freestyleranch.de

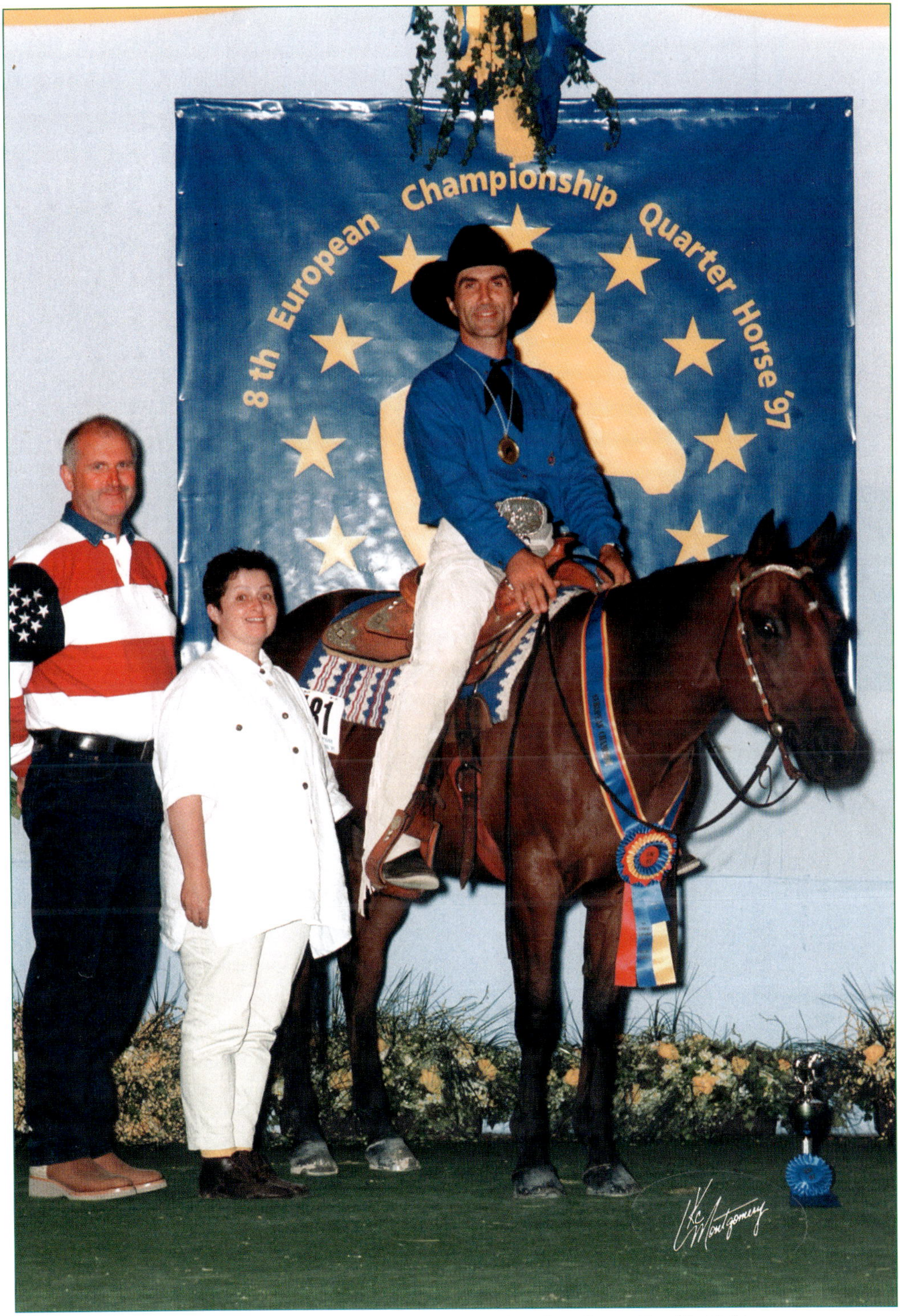

George Maschalani mit „Shesa Shady Boots" und Besitzern Familie Heidermann, stolz über den Titel „European Champion Junior Trail"

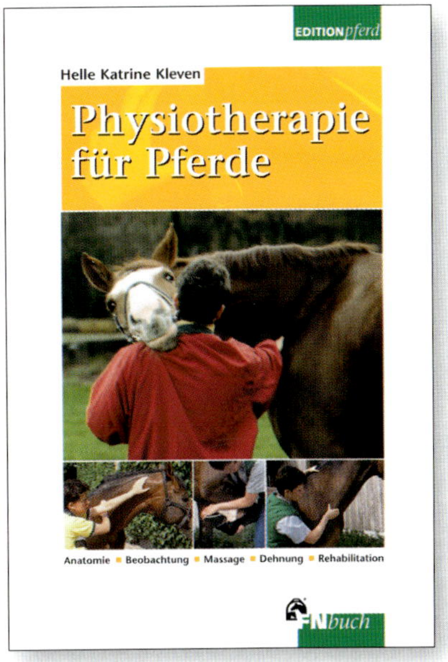

Helle Katrine Kleven

Physiotherapie für Pferde

Das Buch versteht sich als praktische Anleitung für vorbeugende Maßnahmen und sportmedizinische Behandlungen von Verletzungen und Verspannungen der Extremitäten und des Nacken- und Rückenbereichs bei Pferden mittels Massage- und Dehnungsübungen.

2. Auflage 2001, 144 Seiten
mit zahlreichen Fotos und Zeichnungen
Format 170 x 245 mm, gb.

ISBN 3-88542-348-0

Helle Katrine Kleven

Physiotherapie für Pferde
Praktische Anleitungen zur Massage und Dehnung

Dieses Video hat das Ziel, Ihnen die Anatomie Ihres Pferdes etwas näher zu bringen. Es soll Ihnen helfen, dass Sie Veränderungen am Bewegungsapparat frühzeitig erkennen und einfache Massage- und Dehnungsübungen gezielt ausüben können.

VHS-System, 40 Minuten

ISBN 3-88542-821-0

Erhältlich in allen Buchhandlungen und Reitsportfachgeschäften!

FN*verlag* · Freiherr-von-Langen-Straße 8a · D-48231 Warendorf

Antje Rahn, Eberhard Fellmer

Pferdekauf heute

Zwei kompetente Fachautoren vermitteln umfassende Kenntnisse aus den Bereichen Veterinärmedizin und Juristerei und bieten somit dem potentiellen Pferdekäufer praktische Lebenshilfe und vielen Tierärzten und Juristen wertvolle Fachhinweise.

2. Auflage 2001, 208 Seiten,
zahlreichen Abbildungen,
Format 170 x 245 mm, gb.

ISBN 3-88542-289-1

Beverley und Robert Schinke

Erfolgreicher Reiten mit mentalem Training

Dieses praktische Buch ist für alle ReiterInnen jeder Leistungsklasse sowie für alle Ausbilder, die noch erfolgreicher trainieren und reiten wollen, lesenswert.

1. Auflage 1999, 128 Seiten
mit zahlreichen Fotos und Zeichnungen
Format 170 x 245 mm, gb.

ISBN 3-88542-339-1

Günther Dörken, Hubert Stegmann

Handbuch »Jagdreiten«

Dieses Buch ist ein praktisches Nachschlagewerk, dem alle am Jagdreiten und an der Jagdkultur Interessierten eine Fülle von Informationen und Hinweisen zur »Schleppjagd« hinter der Meute und zur »Reitjagd ohne Hunde« entnehmen können.

1. Auflage 1999, 216 Seiten
mit zahlreichen Fotos und Zeichnungen
Format 170 x 245 mm, gb.

ISBN 3-88542-347-2

Wilfried Gehrmann

Doppellonge

Die Arbeit mit der Doppellonge dient zur Ausbildung, Korrektur und Leistungsverbesserung von Pferden jeden Alters und Leistungsstandes. Dieses Buch ist somit für alle Ausbilder sowie Dressur-, Springreiter und Fahrer ein unentbehrliches Nachschlagewerk.

1. Auflage 1998, 136 Seiten mit zahlreichen Fotos und Zeichnungen
Format 170 x 245 mm, gb.

ISBN 3-88542-327-8

Wilfried Gehrmann

Doppellonge (Video)

Ein Lehrfilm zur Ausbildung an der Doppellonge von Dressur-, Spring- und Fahrpferd mit Wilfried Gehrmann, dem Leiter der Landesreit- und Fahrschule Rheinland in Wülfrath. Ein unverzichtbarer Lehrfilm für jeden, der sein Pferd mit Hilfe der Doppellonge fördern will.

50 Min., VHS-System ***Bestell-Nr. 8306***

Hölzel, Dr. Petra u. Dr. Wolfgang

Fahren lernen leicht gemacht mit mentalem Training

Mentales Training macht schon das Lernen zu einem erfolgreichen Erlebnis und ermöglicht es Schülern und Lehrern, ohne ständige Wiederholungen und Misserfolge dauerhafte Lernergebnisse zu erreichen.

1. Auflage 1997, 152 Seiten mit zahlreichen Fotos und Zeichnungen von Renate Blank,
Format 170 x 245 mm, gb.

ISBN 3-88542-290-5

Michael Strick

DENK-SPORT Reiten

Die faszinierende Logik der Ausbildungsskala

Denk-Sport Reiten. Das Rezept der weltweiten anerkannten deutschen Reitsporterfolge, das die sechs Stufen der Ausbildungsskala beinhaltet, wird erstmalig logisch und überzeugend erklärt: Nicht, das es nur so und nicht anders geht, sondern warum es nur so und nicht anders geht. In lockerem Sprachstil und durch aufschlussreiches Bild- und Fotomaterial wird dieses anspruchsvolle Thema aufbereitet.

1. Auflage 2001, 144 Seiten mit farbigen Fotos und Zeichnungen Format 190 x 250 mm, gb.

ISBN 3-88542-365-0

Ariane Pourtavaf/Herbert Meyer

Die Brücke zwischen Mensch und Pferd

Verständigung – Auseinandersetzung - Zusammenarbeit

Wie muss das Verhältnis zwischen Mensch und Pferd sein, damit das Pferd sich für die Signale des Menschen und die reiterlichen Hilfen interessiert, diese versteht und umsetzen kann? - Mit diesem Thema beschäftigen sich der Bundestrainer Herbert Meyer und die Reitlehrerin Ariane Pourtavaf und erläutern diese Grundregeln der Verständigung Mensch - Pferd anhand von Beispielen aus ihrer Praxis, konkreten Anleitungen und Fotoserien: Eine Aufforderung an den Menschen, bewusster mit einigen Grundvoraussetzungen des Reiters und des Umgangs mit dem Pferd umzugehen. Eine Hilfe also für jeden Pferdefreund, die Harmonie zwischen ihm und seinem Pferd zu verbessern sowie eigene Fehler erkennen und abstellen zu können.

2. Auflage 2001, 160 Seiten, über 280 farbige Fotos, Format 190 x 250 mm, gb.

ISBN 3-88542-330-8